D1664710

BASTEI
LÜBBE

Aus der Taschenbuchreihe PHANTASTISCHE LITERATUR sind nachstehende Romane erhältlich. Fragen Sie im Buch- oder Zeitschriftenhandel nach diesen Titeln:

Horace Walpole
Schloß Otranto

Der Roman, der
die »Schwarze Romantik« begründete

BASTEI
LÜBBE

BASTEI-LÜBBE-TASCHENBUCH
Phantastische Literatur
Band 72 034

BASTEI-LÜBBE-TASCHENBUCH
Für Phantastische Literatur ...

1

Manfred, Fürst von Otranto, hatte einen Sohn und eine Tochter. Letztere, eine wunderschöne Jungfrau von achtzehn Lenzen, hieß Matilda. Conrad, der Sohn, war drei Jahre jünger. Er war ein unscheinbarer kränklicher Jüngling ohne vielversprechende Anlagen. Dennoch war er der Liebling seines Vaters, der Matilda gegenüber keine Zuneigung erkennen ließ. Manfred hatte seinen Sohn mit Isabella, der Tochter des Markgrafen von Vicenza, verlobt. Isabella war von ihren Vormündern bereits in Manfreds Obhut übergeben worden, damit die Vermählung gefeiert würde, sobald Conrads schwache Gesundheit dies zuließ.

Manfreds Familie, ja seiner ganzen Umgebung fiel auf, mit welcher Ungeduld er diese Verbindung anstrebte. Seine Familie, die die heftige Wesensart des Fürsten fürchtete, wagte nicht, ihre Vermutungen ob seines Ungestüms zu äußern. Hippolita, seine Gemahlin, eine Dame von Güte und Leutseligkeit, faßte sich einige Male ein Herz und hielt ihm die Gefahr vor, die ihrem einzigen Sohn in Anbetracht seiner Jugend und Schwächlichkeit durch eine zu frühe Heirat drohte. Doch niemals wurde ihr eine andere Antwort zuteil als Anspielungen auf ihre eigene Unfruchtbarkeit, die ihm nur einen einzigen Erben beschert hatte. Seine Lehensleute und Untertanen übten viel weniger Zurückhaltung in ihren Äußerungen. Sie schrieben die überstürzte Vermählung der Furcht des Fürsten zu, die alte Prophezeiung erfüllt zu sehen, die angeblich besagte, ›daß Burg und Herrschaft von Otranto dem gegenwärtig herrschenden Geschlecht genommen würde, wenn der wahre Herr zu groß geworden wäre, darin zu wohnen‹. Dieser Weissagung einen Sinn zu entnehmen, war nicht leicht. Und noch viel weniger war einzusehen, was sie mit der bevorstehenden Heirat zu tun haben sollte. Doch beharrte dieser Rätsel oder Widersprüche wegen das Volk nicht weniger auf seiner Meinung.

Die Vermählung des jungen Conrad war für seinen Geburtstag festgesetzt. Die Hochzeitsgesellschaft hatte sich in der Burgkapelle versammelt, alles war bereit für die feierliche Zeremonie, Conrad selbst war nicht zur Stelle. Manfred, den die geringste Verzögerung ungeduldig machte und der nicht gesehen hatte, wie sein Sohn sich zurückzog, sandte einen seiner Diener aus, den jungen Prinzen zu holen. Der Diener kam nach so kurzer Zeit wieder, daß er unmöglich Conrads Gemächer erreicht haben konnte. Er kam atemlos und erregt, sein Blick war schreckensstarr, vor dem Mund stand ihm Schaum. Ohne ein Wort zu sagen, deutete er hinaus auf den Hof. Die Gäste wurden von Entsetzen und Verwunderung erfaßt. Fürstin Hippolita fiel aus Angst um ihren Sohn in Ohnmacht, ohne zu wissen, was geschehen war. Manfred, der nicht so sehr erschrocken als vielmehr ob der Verzögerung der Trauungszeremonie und der Torheit seines Dieners wutentbrannt war, fragte gebieterisch, was sich zugetragen hätte. Der Bursche hörte nicht auf, hinaus auf den Hof zu deuten, ohne eine Antwort zu geben. Nach wiederholtem Fragen rief er schließlich aus: »Der Helm, oh, der Helm!«

Unterdessen waren einige Gäste hinaus auf den Hof gelaufen. Man hörte von draußen wirres Geschrei, voller Entsetzen und Verwunderung. Manfred, den die Abwesenheit seines Sohnes nun doch in Angst versetzte, ging nun selbst hinaus, um zu erfahren, was diesen seltsamen Aufruhr verursachte. Matilda blieb, um ihrer Mutter Beistand zu leisten, und Isabella blieb aus eben diesem Grund und auch, weil sie jeden Eindruck von Ungeduld vermeiden wollte. Ungeduld, die einem Freier gelten würde, dem sie in Wahrheit nur wenig Zuneigung entgegenbrachte.

Manfreds Blick fiel als erstes auf eine Schar von Dienern, die sich abmühten, etwas hochzuheben, einen wahren Berg schwarzer Helmbüsche, wie es schien. Er sah es, ohne seinen Augen trauen zu können.

»Was tut ihr da?« rief Manfred von Zorn erfüllt. »Wo ist mein Sohn?«

Eine wahre Stimmenflut gab zurück: »O edler Herr, o Fürst! Der Prinz! Der Prinz! Der Helm!«

Entsetzt ob dieser Klagen und von Angst vor dem Unbekannten erfüllt, lief er eilig näher. Doch welch ein Anblick bot sich den Vateraugen! Er sah sein Kind zerschmettert, fast begraben unter einem gewaltigen Helm, hundertmal größer als je ein Helm für ein menschliches Wesen gemacht, geschmückt mit einer entsprechenden Anzahl schwarzer Federbüsche.

Der gräßliche Anblick, die Unwissenheit aller, was den Hergang des Unglücks betraf und vor allem das ungeheuerliche Geschehen selbst raubten ihm die Sprache. Doch dauerte sein Schweigen länger, als Kummer dies bewirken konnte. Er hielt seine Augen starr auf das gerichtet, von dem er vergeblich wünschte, es wäre ein Trugbild. Und er schien weniger durch den Verlust bekümmert als vielmehr in tiefes Nachdenken versunken über das gewaltige Ding, das den Verlust verursacht hatte. Er faßte den todbringenden Helm an und untersuchte ihn. Nicht einmal die blutenden, verstümmelten Überreste des jungen Prinzen konnten Manfreds Blick von dem bösen Omen losreißen. Sie alle, die seine besondere Liebe zu dem jungen Conrad gekannt hatten, empfanden Verwunderung, als sie die Gleichgültigkeit ihres Fürsten sahen, wenngleich das Wunder des Helms sie selbst dastehen ließ wie vom Donner gerührt.

Der entstellte Leichnam wurde in die Halle geschafft, ohne daß Manfred dazu Anweisung gegeben hätte. Ebensowenig kümmerten ihn die in der Kapelle zurückgebliebenen Damen. Ganz im Gegenteil. Ohne der unglücklichen Edeldamen, nämlich seiner Gemahlin und seiner Tochter, Erwähnung zu tun, waren die ersten Worte von Manfreds Lippen: »Nehmt euch Isabellas an!«

Die Diener, denen die Bestimmtheit seines Befehls entging, wurden allein von der Zuneigung zu ihrer Herrin geleitet und glaubten, ihr in ihrer mißlichen Lage zu Hilfe eilen zu müssen. Mehr tot als lebendig wurde sie in ihr Gemach geschafft. Die sonderbaren Umstände, von denen sie hörte, ließen sie unbewegt. Allein der Tod ihres Sohnes bewegte sie. Matilda, die an ihrer Mutter mit kindlicher Liebe hing, erstickte den eigenen Kummer und ihr Staunen und hatte nichts anderes im Sinn, als ihrer geplagten Mutter tröstend beizustehen. Isabella, die für Hippolita wie ein eigenes Kind gewesen war und die diese Zärtlichkeit mit Pflichtgefühl und Zuneigung vergalt, war kaum weniger besorgt um die Fürstin. Sie war gleichermaßen bemüht, Matildas Kummer, den diese mühsam unterdrückte, mitzutragen und zu lindern, da sie für diese das warme Mitgefühl der Freundschaft empfand. Doch konnte sie nicht verhindern, daß ihre eigene Lage sich in ihren Gedanken vordrängte. Das einzige Gefühl, das der Tod des jungen Conrad in ihr erweckte, war Mitleid. Es bekümmerte sie keineswegs, einer Ehe entgangen zu sein, die ihr wenig Glück verhieß, sowohl was den ihr bestimmten Gemahl betraf, als auch die heftige Wesensart Manfreds, der sie mit Angst und Schrecken erfüllte, da sie seine grundlose Härte kannte, die er Hippolita und Matilda entgegenbrachte, wenngleich er Isabella selbst mit großer Nachgiebigkeit begegnet war.

Während die jungen Edeldamen der unglücklichen Mutter ins Bett halfen, blieb Manfred im Hof und hörte nicht auf, den unheilbringenden Helm anzustarren, ungeachtet der Menschenmenge, die das unheimliche Vorkommnis angelockt hatte. Die wenigen Worte, die sich seinen Lippen entrangen, bildeten nur Fragen, ob irgend jemand wüßte, woher der Helm gekommen sein könnte. Niemand konnte ihm auch nur die geringste Auskunft geben.

Da nun der Helm das einzige Objekt seiner Neugierde zu sein schien, wurde er dies auch für die anderen Zuschauer, deren Mutmaßungen so absurd und unwahrscheinlich waren, wie die Katastrophe einzig und ohne Beispiel war. Inmitten dieser sinnlosen Vermutungen bemerkte ein junger Bauernbursche, den das Gerücht aus einem Nachbardorf angelockt hatte, daß der rätselhafte Helm genau dem Helm der schwarzen Marmorfigur Alfonsos des Guten gliche, der Figur eines der früheren Fürsten, die in der Kirche des heiligen Nikolaus stand.

»Schurke, was sagst du da?« rief Manfred, wutentbrannt aus seiner Benommenheit erwachend, und packte den jungen Mann am Kragen. »Du wagst es, diesen Verrat zu äußern? Du sollst mit dem Leben dafür büßen.«

Die Anwesenden, die den Grund für den Wutanfall des Fürsten ebensowenig begriffen wie alles andere, wußten nicht, wie sie diese neue Situation entwirren sollten. Der junge Bauer selbst wußte sich vor Staunen nicht zu fassen und war ratlos, wie er den Fürsten hatte beleidigen können. Er faßte sich jedoch und entzog sich mit Würde und Demut gleichermaßen dem Zugriff Manfreds. Dann vollführte er eine Verbeugung, die mehr Sorge um seine Unschuld verriet als Angst, und fragte respektvoll, was er sich zuschulden habe kommen lassen. Die wenn auch zurückhaltend angewandte Kraft, mit der dieser junge Mann sich aus seinem Griff befreit hatte, erbitterte Manfred mehr, als ihn die Ergebenheit des Jünglings hätte besänftigen können. Er befahl dem Gefolge, den Mann zu fassen. Hätten ihn seine zur Vermählung geladenen Freunde nicht zurückgehalten, so hätte er den Burschen auf der Stelle getötet.

Während dieser Auseinandersetzung war einer der gemeinsamen Zuschauer zur großen Kirche in der Nähe der Burg gelaufen und kam nun offenen Mundes wieder. Der Helm von Alfonsos Statue war verschwunden. Auf diese Nachricht hin geriet Manfred vollends in Raserei. Und wieder stürzte er sich auf den jungen Mann, als wolle er dem in ihm tobenden Aufruhr ein Ventil verschaffen.

»Schurke! Ungeheuer! Zauberer!« schrie er. »Du hast meinen Sohn getötet!«

Der Pöbel, der eine greifbare Zielscheibe für seine wirren Anschuldigungen suchte, erhaschte die Worte aus dem Munde seines Herrn und rief als Echo: »Fürwahr, er ist es! Er hat den Helm aus der Gruft des guten Alfonso

10

geraubt und unserem jungen Prinzen damit aufs Haupt geschlagen!«

Niemandem fiel auf, wie groß das Mißverhältnis zwischen dem Marmorhelm in der Kirche und jenem aus Stahl vor ihren Augen war, und keiner bedachte, daß ein junger Mann von knapp zwanzig unmöglich ein Stück Rüstung von so großem Gewicht bewegen konnte.

Die Torheit dieser Ausrufe brachten Manfred zur Besinnung. War es die Entdeckung der Ähnlichkeit der beiden Helme durch den jungen Bauern und die anschließende Feststellung des Verschwindens eines der Helme aus der Kirche, die ihn reizten, oder wollte er neue Gerüchte durch eine gemeine Verdächtigung sofort zum Verstummen bringen, er verkündete nun feierlich, daß es sich bei dem jungen Mann um einen Teufelsjünger handeln müßte. Bis die Kirche sich des Falles annehmen würde, wolle er den eben entlarvten Hexer unter dem Helm selbst gefangenhalten, den hochzuheben er nun seinem Gefolge befahl. Der junge Mann sollte darunter verschwinden und ohne Nahrung bleiben, die er sich dank seiner Teufelskunst selbst verschaffen konnte.

Der Jüngling versuchte vergeblich, sich gegen dieses ungeheuerliche Urteil zur Wehr zu setzen. Und vergeblich versuchten Manfreds Freunde, ihn von seinem grausamen Entschluß abzubringen, dem es an jeglicher vernünftiger Grundlage fehlte. Die Allgemeinheit zeigte sich begeistert von dem Entschluß des Fürsten, der ihrer Auffassung von Gerechtigkeit sehr entgegenkam, sollte doch der Zauberer mit eben dem Instrument bestraft werden, mit dem er gesündigt hatte. An die Möglichkeit des Hungertods dachte niemand, da alle fest daran glaubten, daß er sich dank seiner Teufelskünste ganz leicht Nahrung verschaffen könne.

Manfred sah, daß man seinen Befehlen mit Freude nachkam. Nachdem er einen Wächter mit dem strengen Befehl zurückgelassen hatte, dem Jüngling dürfe keine Nahrung zugesteckt werden, entließ er Freunde und Gefolgsleute und zog sich in sein Gemach zurück, nicht ohne die äußeren Tore versperrt zu haben, da er im Inneren der Burg außer den Bedienten niemanden duldete.

Indessen hatten Fürsorge und Hingabe der jungen Dame Fürstin Hippolita wieder zu Bewußtsein kommen lassen. Ungeachtet ihres eigenen Kummers verlangte sie nach Nachricht von ihrem Gebieter und wollte ihr Gefolge zu ihm schicken, damit es über ihn wache. Sie bewog schließlich Matilda, ihren Vater zu besuchen und zu trösten. Matilda, die Manfred keinen Liebesdienst verweigern wollte, obwohl sie vor seiner Strenge zitterte, gehorchte dennoch Hippolitas Befehl und empfahl sie der Fürsorge Isabellas. Sie fragte die Bedienten nach ihrem Vater und erfuhr, daß er sich in sein Gemach zurückgezogen und Anweisung gegeben hätte, niemandem Zutritt zu gewähren. Daraus schloß sie, daß er nach dem Tod ihres Bruders sich ganz der Trauer hingab, und fürchtete, der Anblick seines einzigen überlebenden Kindes würde ihm neue Tränen entlocken. Daher zögerte sie, ihn in seinem Kummer zu stören. Doch die Angst um ihn, die durch den Befehl ihrer Mutter noch gestärkt wurde, verlieh ihr den Mut, seinen Anordnungen zuwiderzuhandeln. Es war dies ein Vergehen, dessen sie sich noch nie schuldig gemacht hatte. Die sanfte Scheu ihres Wesens ließ sie an seiner Tür innehalten. Sie hörte, wie er in seinem Gemach mit ruhelosen Schritten auf und ab lief. Seine Stimme ließ ihre Besorgnis noch wachsen. Eben wollte sie um Einlaß bitten, als Manfred plötzlich die Tür aufmachte. Das Dämmerlicht und sein aufgewühlter Gemütszustand bewirkten, daß er die Einlaßbegehrende nicht erkannte und ergrimmt fragte, wer es sei.

Bebend antwortete Matilda: »Mein teurer Vater, ich bin es, deine Tochter.«

Manfred, der hastig einen Schritt zurückwich, rief: »Hinweg mit dir, ich will keine Tochter!«

Damit schlug er vor der erschrockenen Matilda die Tür zu.

Sie kannte sein Ungestüm zu gut, um einen zweiten Versuch zu wagen. Nachdem sie sich ein wenig vom Schrecken dieses herben Empfanges erholt hatte, wischte sie die Tränen ab, damit nicht das Wissen um diese Tränen Hippolita neuen Kummer brachte, die sich auf das Besorgteste nach Manfreds Gesundheit erkundigte und danach, wie er seinen Verlust trüge. Matilda versicherte ihr, daß er wohlauf sei und sein Unglück mit Mannesmut zu tragen wisse.

»Wird er mich nicht zu sich lassen?« fragte Hippolita bekümmert. »Wird er nicht zulassen, daß ich meine Tränen mit den seinen vermenge und das Leid einer Mutter am Herzen ihres Gebieters ablade? Oder betrügst du mich, Matilda? Ich weiß, wie Manfred an seinem Sohn hing. Ist der Schlag nicht zu schwer für ihn? Hat er ihm standhalten können? Du bleibst die Antwort schuldig ... Weh mir, ich befürchte das Ärgste! Stützt mich, meine Mädchen. Ich werde, ich will meinen Gebieter sehen. Bringt mich zu ihm, auf der Stelle. Er ist mir teurer noch als meine Kinder.«

Matilda bedeutete Isabella, sie solle Hippolita am Aufstehen hindern. Die zwei liebreizenden jungen Mädchen wandten sanfte Gewalt an, um die Fürstin aufzuhalten und zu beruhigen, als ein Bedienter Manfreds erschien und Isabella ausrichtete, der Herr wünsche mit ihr zu sprechen.

»Mit mir!« rief Isabella aus.

»Geh«, sagte Hippolita, erleichtert, daß der Fürst eine Nachricht geschickt hatte. »Manfred erträgt den Anblick seiner Familie nicht. Er meint sicher, du bist gefaßter als wir, und er fürchtet meinen tiefen Kummer. Tröste ihn, liebe Isabella, und sage ihm, daß ich lieber meinen eigenen Schmerz unterdrücke, als seinen zu vermehren«.

Es war nun schon Abend. Der Diener, der Isabella führte, trug eine Fackel vor ihr einher. Als sie zu Manfred gelangten, der voller Ungeduld auf der Galerie auf und ab lief, erschrak dieser und verlangte barsch: »Nimm das Licht und mach, daß du davonkommst!«

Er schloß ungestüm die Tür, ließ sich auf einer Bank an der Wand nieder und bot Isabella neben sich Platz an. Zitternd gehorchte sie.

»Ich habe nach dir geschickt, Isabella«, sagte er, um verwirrt innezuhalten. »Ja, ich schickte in einer sehr wichtigen Sache nach dir«, fuhr er sodann fort. »Trockne deine Tränen, mein Kind. Du hast deinen Bräutigam verloren, welch grausames Schicksal, und ich verlor die letzte Hoffnung meines Geschlechts! Aber Conrad war deiner Schönheit nicht würdig.«

»Mein Herr, gewiß glaubt Ihr nicht, daß es mir an der gebührenden Trauer mangelt? Pflicht und Neigung hätten stets ...«

»Vergiß ihn«, unterbrach Manfred sie. »Er war ein kränklicher und schwacher Junge, den mir der Himmel vielleicht raubte, damit ich die Ehre meines Hauses nicht

14

auf so schwachen Grund stelle. Die Nachfolge Manfreds fordert vielfache Stütze. Meine törichte Liebe zu dem Knaben blendete meine Vernunft. Aber das schadet nun nicht mehr. In einigen Jahren hoffe ich Grund zu haben, Conrads Tod zu preisen.«

Worte können Isabellas Verwirrung nicht wiedergeben. Zunächst glaubte sie, der Kummer hätte Manfreds Verstand verwirrt. Ihr nächster Gedanke war, daß sein sonderbares Verhalten sie in eine Falle locken wollte. Manfred hatte ihre Gleichgültigkeit seinem Sohn gegenüber entdeckt, fürchtete sie. Folglich antwortete sie:

»Guter Herr, zweifelt nicht an meiner Zuneigung. Mein Herz hätte meine Hand begleitet. Conrad wäre all meiner Fürsorge sicher gewesen. Was immer das Schicksal mit mir vorhat, ich werde stets sein Gedächtnis bewahren und Eure Hoheit und die edle Hippolita als meine Eltern ansehen.«

»Fluch über Hippolita!« rief da Manfred. »Vergiß sie von diesem Augenblick an, wie ich es tue. Kurz gesagt, mein Fräulein, Ihr habt einen Freier verloren, der Eurer Reize nicht würdig war. Ihr sollt sie nun besser verwenden. Statt eines kränklichen Knaben sollt Ihr einen Gemahl in der Blüte seiner Jahre bekommen, der Eure Schönheit zu schätzen weiß und zahlreiche Nachkommenschaft erhoffen darf.«

»Weh mir, mein Gebieter, mein Gemüt wird noch durch Trauer über das Unheil in Eurer Familie bewegt, so daß ich an keine andere Heirat zu denken vermag. Sollte mein Vater je wiederkehren und sollte es ihm gefallen, so werde ich gehorchen, wie ich gehorchte, als ich einwilligte, meine Hand Eurem Sohn zu reichen. Bis zu seiner Wiederkehr aber gestattet mir, unter Eurem gastfreundlichen Dach verweilen zu dürfen, damit ich meine trüben Stunden damit verbringe, Eure, Hippolitas und der holden Matilda Kummer zu lindern.«

»Ich gebot Euch schon einmal, nicht von dieser Frau zu sprechen. Von dieser Stunde muß sie für Euch wie für mich eine Fremde sein. Kurz gesagt, Isabella, da ich Euch meinen Sohn nicht geben kann, biete ich mich Euch selbst an.«

»O Himmel!« rief da Isabella, aus ihrem Irrtum gerissen. »Was muß ich hören! Ihr, mein Gebieter! Ihr! Mein Schwiegervater! Conrads Vater! Der Gatte der tugendhaften und gütigen Hippolita!«

»Ich sage dir, daß Hippolita nicht mehr mein Weib ist«, entgegnete Manfred gebieterisch. »Von Stund an scheide ich mich von ihr. Zu lange hat sie mir mit ihrer Unfruchtbarkeit Fluch gebracht. Mein Schicksal hängt daran, daß ich Söhne bekomme. Und diese Nacht wird für meine Hoffnungen ein neuer Anfang sein.«

Mit diesen Worten faßte er die kalte Hand Isabellas, die halbtot war vor Angst und Entsetzen. Sie schrie auf und machte sich los.

Manfred erhob sich, um ihr zu folgen. Indessen war der Mond aufgegangen und schien durch das gegenüberliegende Fenster, so daß Manfred die Federn des todbringenden Helmes sehen konnte, die bis zur Höhe des Fensters aufragten und, begleitet von einem hohlen, raschelnden Geräusch, sich stürmisch hin und her bewegten.

Isabella, die in ihrer mißlichen Lage wieder Mut gefaßt hatte und die nichts so sehr fürchtete, als daß Manfred sein Vorhaben wahrmachen würde, rief aus: »Seht doch, Herr! Seht, wie der Himmel selbst sich gegen Eure ruchlosen Absichten wendet!«

»Weder Himmel noch Hölle sollen mich an meinem Vorhaben hindern«, gab Manfred zurück, der wieder Anstalten machte, Isabella zu fassen.

In diesem Augenblick stieß das Bild seines Großvaters, das über der Bank hing, auf der sie gesessen hatten, einen tiefen Seufzer aus, so daß die Brust sich hob und senkte. Isabella, die dem Bild den Rücken zukehrte, sah diese Bewegung nicht und wußte nicht, woher das Geräusch kam. Sie schrak zusammen und sagte: »Hört, mein Gebieter! Was für ein Geräusch war dies?«

Damit wollte sie zur Tür. Manfred, der hin und her gerissen war zwischen der Flucht Isabellas, die nun die Treppe erreicht hatte, und seinem Unvermögen, den Blick von dem Bild abzuwenden, das sich zu bewegen begann, war einige Schritte hinter ihr her gelaufen, ohne das Bild aus den Augen zu lassen. Da sah er, daß es sich aus dem Rahmen löste und mit ernster, bekümmerter Miene zu Boden sank.

»Träume ich?« rief Manfred aus und machte kehrt. »Oder haben sich die Teufel selbst gegen mich verbündet? Sprich, höllisches Ungeheuer! Oder wenn du mein Ahne bist, warum hast du dich gegen deinen elenden Sproß verschworen, der einen viel zu hohen Preis zahlt für ...«

Noch ehe er den Satz beenden konnte, stieß das Bild wieder einen Seufzer aus und bedeutete Manfred, ihm zu folgen.

»Führe mich!« rief dieser. »Ich will dir in den Abgrund des Verderbens folgen!«

Das Gespenst wanderte ernst und niedergeschlagen ans Ende der Galerie und verschwand in einen zur rechten Hand gelegenen Raum. Manfred folgte ihm voller Angst und Entsetzen, aber entschlossen in kleinem Abstand. Als er den Raum betreten wollte, wurde die Tür von unsichtbarer Hand heftig zugeschlagen. Der Fürst, der aus dieser Verzögerung Mut schöpfte, wollte die Tür gewaltsam mit dem Fuß öffnen, mußte aber feststellen, daß sie sich auch seinen kraftvollsten Bemühungen widersetzte.

»Da die Hölle meine Neugierde nicht befriedigt«, sagte Manfred, »werde ich die in meiner Macht stehenden menschlichen Mittel zur Erhaltung meines Geschlechts verwenden. Isabella soll mir nicht entwischen.«

Diese war bis an den Fuß der großen Treppe geflüchtet, nachdem ihre Entschlossenheit wieder dem Entsetzen gewichen war, kaum daß sie Manfred hinter sich gelassen hatte. Dort hielt sie inne, ohne zu wissen, wohin sie ihre Schritte lenken und dem Ungestüm des Fürsten entfliehen konnte. Sie wußte, daß die Tore des Schlosses verschlossen waren und daß Wachen im Hof postiert waren. Wenn sie nun, dem Drang ihres Herzens folgend, hinging und Hippolita auf das sie erwartende grausame Schicksal vorbereitete, würde Manfred sie zweifellos dort suchen, und sein gewalttätiges Wesen würde ihn veranlassen, die geplante Schmach zu verdoppeln, ohne daß ihnen Raum blieb, der Gewalt seiner Leidenschaften auszuweichen. Eine Verzögerung hingegen würde ihm Zeit geben, sich zu besinnen oder von den schrecklichen Plänen abzulassen, oder aber es ergab sich irgendein Umstand zu ihren Gunsten, wenn sie sich wenigstens in dieser Nacht seinem abscheulichen Trachten entziehen konnte. Doch wo sollte sie sich verbergen? Wie der Verfolgung entgehen, die sich unweigerlich über die ganze

18

Burg erstrecken würde? Während ihr diese Gedanken durch den Kopf gingen, fiel ihr ein unterirdischer Gang ein, der von den Gewölben der Burganlage zur Kirche des heiligen Nikolaus führte. Gelang es ihr, den Altar zu erreichen, ehe man sie überwältigte, dann würde auch Manfred es nicht wagen, den geheiligten Ort zu entweihen, das wußte sie. Und sie faßte den Entschluß, sich für immer inmitten der heiligmäßigen Jungfrauen abzuschließen, deren Kloster sich an die Kathedrale anschloß. Das für den Fall, daß sich ihr kein anderer Ausweg bot. Isabella nahm einen Leuchter, der am Fuße der Treppe brannte, und lief zum Geheimgang.

Die unteren Geschosse der Burganlage wurden von einem komplizierten Gangsystem ausgehöhlt. Und es war nicht einfach, von den Furien der Angst gehetzt, die Tür zu finden, die sich in diese Höhle öffnete. In den unterirdischen Gefilden herrschte ein grausiges Schweigen, das hin und wieder vom Geheul des Windes unterbrochen wurde, der an den Türen rüttelte, so daß sie in den rostigen Angeln knirschten und es in dem langen dunklen Labyrinth widerhallte. Jedes Rascheln erfüllte sie mit neuer Angst, aber noch mehr fürchtete sie die zornbebende Stimme Manfreds, der seine Bedienten auf sie hetzte.

Isabella war so leise, wie es ihre Ungeduld erlaubte, und blieb immer wieder stehen, um zu lauschen, ob sie verfolgt würde. Einmal vermeinte sie ein Seufzen zu hören. Schaudernd wich sie einige Schritte zurück. Dann glaubte sie Schritte zu hören. Das Blut gerann ihr in den Adern, da sie sicher war, es wäre Manfred. Alle Bilder, die das Entsetzen ihr eingab, kamen ihr in den Sinn. Sie verwünschte ihre überstürzte Flucht, die sie seinem Zorn preisgab, an einem Ort, wo ihre Schreie ungehört bleiben würden und ihr niemand zu Hilfe eilte.

Doch schien das Geräusch nicht aus der hinter ihr liegenden Richtung zu kommen ... falls Manfred wußte, wo sie sich befand, mußte er ihr von dort gefolgt sein. Sie befand sich noch immer in einem der unterirdischen Gänge, und die Schritte, die sie gehört hatte, kamen ganz deutlich aus einer anderen Richtung.

Von dieser Überlegung aufgemuntert und in der Hoffnung, einen Freund in jedem außer dem Fürsten zu finden, wollte sie weitergehen, als in einiger Entfernung zur Linken eine halboffene Tür behutsam geöffnet wurde. Noch ehe der Leuchter, den sie hochhob, ihr enthüllen konnte, wer die Tür öffnete, zog sich die Person hastig zurück.

Isabella, der nun jeder Zwischenfall Angst machte, zögerte. Aber ihre Furcht vor Manfred überwog alle anderen Ängste. Allein der Umstand, daß diese Person ihr auswich, verlieh ihr Mut. Es kann sich nur um einen der Bedienten handeln, dachte sie bei sich. Ihr sanftes Wesen hatte bewirkt, daß sie sich keine Feinde gemacht hatte, und das Bewußtsein ihrer Unschuld ließ sie hoffen, daß die Bedienten des Fürsten ihr bei der Flucht eher helfen würden, als diese zu verhindern, falls sein Befehl sie nicht ausdrücklich anwies, sie zu verfolgen.

Ermutigt durch diese Gedanken und in dem Glauben befangen, sie befände sich in der Nähe des Eingangs zur unterirdischen Höhle, ging sie auf die Tür zu, die geöffnet worden war. Doch ein plötzlicher Windstoß vor der Tür löschte ihr Licht aus und ließ sie in völliger Dunkelheit zurück.

Worte können die schreckliche Lage Isabellas nicht beschreiben. Allein an grausigem Ort, von der Erinnerung an die schrecklichen Ereignisse des Tages verfolgt, ohne Hoffnung auf Entkommen, in Erwartung Manfreds, der sie jeden Augenblick einholen konnte, beunruhigt von dem Wissen, daß sie sich in der Nähe eines Unbekannten befand, der sich hier aus irgendeinem Grund verbarg, bedrängten alle diese Gedanken ihr erregtes Gemüt, so daß sie unter ihren Befürchtungen fast zusammenbrach. Isabella flehte alle Heiligen des Himmels an und empfahl sich ihrer Hilfe. Es dauerte eine Weile, bis sie sich in ihrer Verzweiflung faßte. Leise tastete sie schließlich nach der Tür, fand sie und betrat bebend das Gewölbe, aus dem Seufzen und Schritte gedrungen waren.

Sie wurde von plötzlicher Freude erfaßt, als von der Deckenwölbung her ein schwacher Strahl Mondlicht einfiel. An dieser Stelle, an der die Decke eingefallen schien, hing ein Stück Erde oder Mauerwerk, das heruntergedrückt worden war. Sie näherte sich neugierig dieser Öffnung, als sie dicht an der Mauer eine menschliche Gestalt erblickte.

Isabella schrie auf, da sie glaubte, es wäre der Geist ihres Verlobten Conrad. Die Gestalt, die sich ihr nun näherte, sagte in untertänigem Ton: »Fürchtet Euch nicht, edle Frau. Ich tue Euch nichts.«

Isabella, der Worte und Ton des Fremden Mut einflößten, sah, daß dies die Person sein mußte, die die Tür geöffnet hatte. Sie faßte sich so weit, daß sie sagen konnte:

»Herr, wer Ihr auch sein mögt, erbarmt Euch einer unglücklichen Prinzessin, die am Rande des Untergangs steht. Helft mir aus diesem unheilvollen Gemäuer zu entfliehen, oder ich werde in wenigen Augenblicken für immer unglücklich gemacht.«

»Wie könnte ich Euch wohl helfen?« sagte da der Fremde. »Ich will zu Eurer Verteidigung mein Leben einsetzen, aber ich bin fremd hier und möchte ...«

»Ach«, unterbrach ihn Isabella hastig, »helft mir nur, eine Geheimtür zu finden, die hier irgendwo sein muß. Das ist der größte Dienst, den Ihr mir erweisen könnt, denn ich habe keinen Augenblick zu verlieren.«

Dabei tastete sie den steinernen Boden ab und wies den Fremden an, nach einem glatten Stück Messing, in einen der Steine eingelassen, zu suchen ...

»Es ist das Schloß, das sich mit einer Feder öffnen läßt, deren Geheimnis ich kenne«, sagte sie. »Wenn ich es finde, kann ich entkommen, wenn nicht, weh mir, edler Fremdling, habe ich Euch in mein Unglück mitgerissen. Manfred wird Euch verdächtigen, mir bei der Flucht geholfen zu haben, und Ihr werdet ein Opfer seiner Rache.«

»Ich schätze mein Leben nicht hoch, und es wird mir ein Trost sein, es einzusetzen, um Euch seiner Tyrannei zu entreißen.«

»Großherziger Jüngling, wie soll ich Euch je ...«

Da fiel ein Mondstrahl durch einen Mauerritz direkt auf das gesuchte Schloß. »O welche Freude! Hier ist die Tür!« stieß Isabella hervor. Sie holte einen Schlüssel hervor, berührte die Feder, die beiseite sprang und einen Eisenring freigab.

»Hebt die Tür«, sagte Isabella.

Der Fremde gehorchte. Man sah nun Steinstufen, die in ein stockfinsteres Gewölbe führten.

»Da hinunter«, flüsterte Isabella. »Folgt mir. Ist es auch dunkel und grausig, so können wir den Weg nicht verfehlen. Er führt direkt zur Kirche des heiligen Nikolaus. Aber vielleicht habt Ihr keinen Grund, die Burg zu verlassen, und ich keinen Bedarf für Eure Dienste. Nur wenige

24

Minuten, und ich werde vor Manfreds Zorn sicher sein. Laßt mich bloß wissen, wem ich Dank schulde.«

»Ich verlasse Euch nicht«, sagte der Fremde hitzig, »ehe ich Euch nicht in Sicherheit weiß. Prinzessin, haltet mich nicht für großherziger, als ich bin. Obgleich Euch meine größte Sorge gilt ....«

Der Fremde wurde von näherkommendem Stimmengewirr unterbrochen. Man konnte bald die Worte unterscheiden:

»Redet mir nicht von Zauberei! Ich sage euch, daß sie im Schloß sein muß. Und ich werde sie finden trotz aller Zaubermacht.«

»O Himmel«, rief Isabella aus, »es ist Manfreds Stimme! Schnell, oder wir sind verloren! Und schließt die Falltür hinter Euch.«

Mit diesen Worten betrat sie die Treppe. Der Fremde wollte ihr eilig folgen, als ihm die Tür aus der Hand glitt und sich das Federschloß wieder schloß. Vergeblich versuchte er, es wieder zu öffnen, doch hatte er Isabella dabei nicht zugesehen, und Zeit zum Probieren blieb ihm nicht. Manfred hatte das Zufallen der Tür gehört und hielt nun in Begleitung seiner fackeltragenden Bedienten auf die Richtung zu, aus der das Geräusch gekommen war.

»Es muß Isabella sein!« schrie er, ehe er das Gewölbe betrat. »Sie will durch den unterirdischen Gang entfliehen. Weit kann sie nicht gekommen sein.«

Wer beschreibt das Erstaunen des Fürsten, als er an Stelle Isabellas im Licht der Fackeln den jungen Bauern sah, den er unter dem todbringenden Helm gefangen geglaubt hatte.

»Verräter!« zürnte er. »Wie kommst du hierher? Ich

glaubte dich oben im Hof gefangen!«

»Ich bin kein Verräter, und für Eure Vermutungen kann ich nicht«, gab der junge Mann tollkühn zur Antwort.

»Anmaßender Schurke! Willst du meinen Zorn anstacheln? Sag mir, wie du von oben entkommen konntest. Du hast die Wachen bestochen, die mit ihrem Leben dafür büßen sollen.«

»Meine Armut bedeutet für sie Entlastung«, entgegnete der Bauer gelassen. »Obwohl bloß Handlanger tyrannischen Zorns, sind sie Euch treu ergeben und nur zu willig, die Befehle auszuführen, die Ihr ihnen ungerechterweise aufgegeben.«

»Du bist so vermessen, meiner Rache zu trotzen? Die Folter wird dir die Wahrheit entreißen. Sprich und nenne mir deine Helfershelfer.«

»Das war mein Helfershelfer«, sagte der Jüngling lächelnd, indem er zur Decke deutete.

Manfred befahl, man solle die Fackeln heben. Er sah nun, daß einer der Backenteile des verhexten Helms sich durch das Pflaster des Hofes gebohrt hatte, als seine Bedienten ihn über den Bauernjungen fallengelassen hatten, und daß er bis zum Gewölbe durchgebrochen war und eine Öffnung hinterlassen hatte, durch die der Junge sich gezwängt hatte, ehe Isabella ihn kurz darauf fand.

»Auf diesem Weg also bist du heruntergekommen?« fragte Manfred.

»So ist es.«

»Was für ein Geräusch hörte ich, als ich das Gewölbe betrat?«

»Eine Tür schlug zu«, sagte der junge Bauer. »Ich habe es auch gehört.«

»Welche Tür?« fragte Manfred begierig.

»Ich kenne mich in Eurer Burg nicht aus. Dies ist das erste Mal, daß ich sie betrete, und dieses Gewölbe ist der
einzige Teil, in dem ich je war.«

»Und ich sage dir«, sagte Manfred, da er herausfinden
wollte, ob der Jüngling die Falltür entdeckt hatte, »ich
habe das Geräusch aus dieser Richtung gehört. Und meine Diener hörten es ebenso.«

»Herr«, unterbrach ihn einer der Bedienten übereifrig,
»es war sicher die Falltür, und er wollte fliehen.«

»Schweig, Dummkopf«, herrschte der Fürst ihn an.
»Wenn er hätte fliehen wollen, stünde er nicht auf dieser
Seite. Ich will aus seinem Munde hören, was das Ge-
räusch war, das ich vernahm. Sprich die Wahrheit. Dein
Leben hängt von deiner Wahrhaftigkeit ab.«

»Meine Wahrhaftigkeit ist mir teurer als mein Leben«,
gab der Bauer zurück. »Ich würde das eine nicht erkau-
fen, indem ich das andere verwirke.«

»In der Tat, ein junger Philosoph«, sagte Manfred verächtlich. »Sag mir nun, was ich da hörte!«

»Fragt mich etwas, das ich beantworten kann«, sagte
der junge Mann, »und tötet mich auf der Stelle, wenn ich
eine Lüge erzähle.«

Die unbeirrbare Kühnheit und Gleichmut des Jünglings
machten Manfred ungeduldig, und er rief aus: »Nun
denn, du Mann der Wahrheit, antworte mir: War es das
Zuschlagen der Falltür, das ich hörte?«

»So ist es.«

»So ist es! Und wie kommt es, daß du von der Falltür
wußtest?«

»Ich sah im Mondschein die Messingplatte schimmern.«

»Woher wußtest du, daß es ein Schloß ist? Und wie
hast du entdeckt, wie es sich öffnen läßt?«

»Die göttliche Vorsehung, die mich von dem Helm befreite, leitete mich zur Feder eines Schlosses«, antwortete der Jüngling.

»Die Vorsehung hätte noch weiter gehen sollen und dich meiner Vergeltung entziehen sollen«, sagte Manfred. »Wenn die Vorsehung dir eingab, wie das Schloß zu öffnen ist, dann hat sie dich als Toren zurückgelassen, der nicht weiß, wie er mit ihrer Gunst umgehen soll. Warum bist du nicht dem Fluchtweg gefolgt, der sich dir eröffnete? Warum hast du die Tür geschlossen, ehe du auf den Stufen standest?«

»Darf ich fragen, edler Herr, wie ich, der ich fremd in Eurer Burg bin, hätte wissen sollen, daß die Stufen zu einem Ausgang führen? Aber ich will Euren Fragen nicht ausweichen. Wo diese Stufen auch hinführen mögen, ich hätte den Weg erkunden sollen, aber meine Lage hätte nicht mißlicher sein können. Die Wahrheit ist, daß ich die Falltür fallen ließ, worauf Ihr hier eintratet. Ich selbst hatte Alarm geschlagen. Was kümmert es mich, ob ich eine Minute früher oder später gefaßt würde?«

»Für deine Jahre bist du ein beherzter Schuft«, sagte Manfred, »aber wenn ich es recht bedenke, so vermute ich, daß du mit mir Scherz treibst. Du hast mir noch nicht gesagt, wie du das Schloß öffnen konntest.«

»Das will ich Euch zeigen, Herr«, sagte der junge Mensch. Er nahm einen heruntergefallenen Steinbrocken, legte sich auf die Falltür und fing an, mit dem Stein auf das Stück Messing einzuschlagen. Damit wollte er der Prinzessin einen Vorsprung verschaffen. Die Jugend und das offene, arglose Wesen des Eindringlings machten Manfred schwankend. Er verspürte sogar die Neigung, den Jüngling zu begnadigen, da er sich keines Verbrechens schuldig gemacht hatte. Manfred gehörte nicht zu jenen blindwütigen Tyrannen, die in sinnloser Grausamkeit schwelgen. Das Schicksal hatte seinem Wesen Härte verliehen, einem Wesen, das von Natur aus sehr menschlich war. Und seine Tugenden regten sich stets, wenn nicht Leidenschaft seinen Verstand vernebelte.

Während der Fürst schwankte, widerhallte Geschrei durch die fernen Gewölbe. Schließlich konnte man die Stimmen der Bedienten erkennen, die er losgeschickt hatte, um Isabella allenthalben zu suchen.

»Wo ist mein Gebieter? Wo ist der Fürst!« rief der Diener.

»Hier bin ich. Habt ihr die Prinzessin gefunden?«

Der als erster Angekommene erwiderte: »O Herr, wie froh ich bin, daß wir Euch gefunden haben.«

»Mich gefunden? Habt Ihr die edle Isabella gefunden?«

»Wir glaubten, wir hätten sie gefunden, Herr«, sagte der Kerl mit erschrockener Miene, »aber ...«

»Aber was? Konnte sie entkommen?«

»Jaquez und ich, Herr ...«

»Jawohl, ich und Diego«, unterbrach ihn der zweite, der noch verschreckter ankam.

»Nur einer soll sprechen«, verlangte Manfred. »Ich frage euch, wo ist die Prinzessin?«

»Wir wissen es nicht«, äußerten beide gleichzeitig, »und wir haben vor Schreck fast den Verstand verloren.«

»Ja, das scheint mir auch, ihr Dummköpfe. Was hat euch so erschreckt?«

»O Herr«, sagte Jaquez, »Diego hat etwas gesehen! Euer Hoheit würden unseren Augen nicht trauen.«

»Was für eine neue Absonderlichkeit ist das? Gebt mir eine verständliche Antwort, oder bei Gott ...«

»Nun, wenn es Eurer Hoheit beliebt, mich anzuhören«, sagte der Ärmste. »Diego und ich ...«

»Ja, ich und Jaquez«, rief sein Gefährte dazwischen.

»Habe ich nicht gesagt, nur einer solle sprechen? Jaquez, du gib Antwort. Denn der andere scheint mir noch verwirrter als du. Was ist geschehen?«

»Edler Gebieter«, sagte Jaquez, »wenn es Euch beliebt, mich anzuhören. Diego und ich machten uns Euren Befehlen gemäß auf die Suche nach der jungen Dame. Da wir aber eine Begegnung mit dem Geist meines jungen Herrn, Eures Sohnes, Gott schenke seiner Seele Frieden, fürchteten, da er noch kein christliches Begräbnis erhalten hat ...«

»Tölpel!« rief Manfred zornig aus. »Ihr habt bloß ein Gespenst gesehen?«

»Schlimmer, viel schlimmer, Herr!« rief Diego. »Lieber hätte ich zehn ganze Spukgestalten gesehen!«

»Schenk mir Geduld!« stieß Manfred hervor. »Diese Dummköpfe bringen mich durcheinander ... Aus den Augen, Diego! Und du Jaquez, sagst mir mit einem Wort: Bist du trunken? Bist du von Sinnen? Du hattest sonst immer Verstand bewiesen. Hat der andere Tölpel dir solche Angst eingejagt? Sprich, welche Trugbilder hat er gesehen?«

»Edler Herr, ich wollte Eurer Hoheit schon sagen, daß seit dem schrecklichen Unglück, das meinem jungen Herrn, Gott sei seiner Seele gnädig, betroffen hat, keiner von Euerer Hoheit treuen Bedienten — ja das sind wir, Herr, wenngleich wir arm sind — ich sage also, daß keiner von uns sich allein ins Haus wagte, sondern immer nur zu zweien. Diego und ich gingen also auf der Suche nach der Dame hinauf in die Galerie, um ihr zu sagen,

Eure Hoheit hätten ihr etwas mitzuteilen.«

»Verwünschte Toren!« schalt Manfred. »Indessen konnte sie entkommen, weil ihr euch vor Kobolden und Geistern fürchtet! Du Feigling, sie verließ mich in der Galerie, ich kam selbst von dort.«

»Trotzdem könnte sie noch dort sein«, erwiderte Jaquez, »doch soll mich der Teufel holen, ehe ich sie dort wieder suche! Armer Diego! Ich glaube nicht, daß er sich jemals wieder davon erholt.«

»Sich erholt? Wovon?« fragte Manfred. »Soll ich denn nie erfahren, was diese Schufte so ängstigte? Aber ich verliere hier meine Zeit. Folge mir, Sklave! Ich will nachsehen, ob sie in der Galerie ist.«

»Um Himmels willen, mein lieber guter Herr!« rief da Jaquez, »geht nicht in die Galerie! Im großen Gemach der Galerie befindet sich Satan persönlich!«

Manfred, der bislang die Angst seiner Diener als unnötige Panik abgetan hatte, erschrak, als er diesen neuen Umstand erfuhr. Er dachte an die Geistererscheinung des Bildes und an das plötzliche Schließen der Tür am Ende der Galerie. Seine Stimme versagte ihm fast den Dienst, als er verwirrt fragte: »Was ist im großen Gemach?«

»Mein Herr«, antwortete Jaquez, »als Diego und ich die Galerie betraten, ging er als erster, da er behauptete, er hätte mehr Mut als ich. In der Galerie fanden wir niemanden. Wir sahen unter jede Bank und unter jeden Stuhl. Wir konnten niemanden entdecken.«

»Hingen alle Bilder an ihren Plätzen?«

»Ja, Herr, aber wir dachten nicht daran, hinter die Bilder zu sehen.«

»Nun denn, fahr fort.«

»Als wir an die Tür zum großen Gemach kamen, fanden wir die Tür verschlossen.«

»Ihr konntet sie nicht öffnen?«

»O doch, Herr, aber ich wünschte bei Gott, wir hätten sie nicht geöffnet. Ich war es nicht, der sie aufmachte, sondern Diego. Er war übermütig geworden und ließ sich von mir nicht davon abhalten ... Sollte ich je wieder eine Tür verschlossen finden ...«

»Erzähle mir ohne Umschweife, was du in dem großen Gemach gesehen hast.«

»Ich sah gar nichts, ich war hinter Diego, aber ich hörte das Geschrei.«

»Jaquez«, mahnte Manfred ernst, »ich beschwöre dich bei der Seele meiner Ahnen, was hast du gesehen und gehört?«

»Diego hat es gesehen, nicht ich. Ich habe es nur gehört. Kaum hatte Diego die Tür aufgemacht, als er aufschrie und zurücklief ... auch ich lief zurück und fragte:›Ist es das Gespenst?‹ Nein, sagte Diego, dem die Haare zu Berge standen, es ist ein Riese. Ein Riese in einer Rüstung, denn ich sah einen Fuß und Teil eines Beins, und sie sind so groß wie der Helm im Hof. Und als er dies sagte, hörten wir eine gewaltige Bewegung und das Klirren einer Rüstung, als wolle der Riese sich erheben. Denn Diego hat mir gesagt, er glaube, der Riese hätte sich hingelegt, da Fuß und Bein auf dem Boden ausgestreckt lagen. Noch ehe wir das Ende der Galerie erreicht hatten, hörten wir das Schlagen der Tür hinter uns, doch wir wagten nicht, uns umzusehen, ob der Riese uns folgte ... aber wenn ich es recht bedenke, müßten wir es gehört haben, wenn er uns verfolgte ... um Himmels willen, mein guter Herr, laßt den Kaplan kommen und den Teufel austreiben, denn das Haus ist verhext, das steht fest.«

32

»Ja, Herr, tut das, oder wir scheiden aus dem Dienst Eurer Hoheit!« riefen daraufhin alle Bedienten wie aus einem Munde.

»Still, ihr Schwachköpfe!« sagte Manfred. »Folgt mir. Ich will wissen, was all dies zu bedeuten hat.«

»Wir würden um keinen Preis die Galerie betreten«, schallte es ihm einstimmig entgegen.

Nun sprach der junge Bauer, der bislang schweigend dagestanden hatte. »Hoheit, erlaubt Ihr, daß ich das Abenteuer wage? Mein Leben bedeutet niemandem etwas. Ich fürchte keine bösen Engel und habe keinem guten etwas zuleide getan.«

»Dein Verhalten weist über deinen Stand hinaus«, sagte Manfred, der den Jüngling mit Staunen und Bewunderung ansah. »Ich will deine Tapferkeit belohnen. Aber jetzt«, fuhr er mit einen Seufzer fort, »sind die Umstände so, daß ich nur meinen eigenen Augen traue. Aber es sei dir gestattet, mich zu begleiten.«

Als Manfred Isabella aus der Galerie gefolgt war, hatte er sich direkt zu den Gemächern seiner Gemahlin begeben, in der Meinung, die Prinzessin hätte sich dorthin zurückgezogen. Hippolita erkannte seinen Schritt und erhob sich voll banger Liebe, um ihren Gebieter zu empfangen, den sie seit dem Tod ihres Sohnes nicht mehr gesehen hatte. Sie wollte sich ihm in einer Aufwallung von Freude und Kummer an die Brust werfen, doch er wehrte sie schroff ab. »Wo ist Isabella?« fragte er.

»Isabella?«

»Ja, Isabella«, rief Manfred gebieterisch. »Ich will Isabella!«

»Mein Herr«, erwiderte nun Matilda, die merkte, wie sein Verhalten ihre Mutter entsetzte, »sie war nicht mehr bei uns, seitdem Eure Hoheit sie zu sich rufen ließ.«

»Ich will nicht wissen, wo sie war. Ich will wissen, wo sie ist!«

»Herr, Eure Tochter spricht die Wahrheit. Isabella hat uns auf Euren Befehl hin verlassen und kam nicht wieder. Aber faßt Euch, Herr. Begebt Euch zur Ruhe. Der unglückbringende Tag hat Euch verwirrt. Isabella wird am Morgen Eurer Befehle harren.«

»Dann weißt du, wo sie ist? Sag es mir, ich habe keine Zeit zu verlieren. Und du, Weib«, sagte er zu seiner Gemahlin, »laß deinen Kaplan kommen, damit er mir ständig zu Diensten sei.«

»Isabella hat sich gewiß zur Ruhe begeben«, entgegnete Hippolita gelassen. »Sie ist es nicht gewöhnt, zu so später Stunde zu wachen. Edler Herr«, fuhr sie fort, »sagt mir, was Euch bekümmert? Hat Isabella Euch beleidigt?«

»Behellige mich nicht mit Fragen, sage mir, wo sie ist.«

»Matilda wird sie rufen«, sagte die Fürstin. »Setzt Euch, mein Gebieter, und findet zur Eurer gewohnten Seelenstärke zurück.«

»Wie, empfindest du Eifersucht auf Isabella, da du unsere Unterredung mitanhören willst?«

»O Himmel, was meint Eure Hoheit damit?«

»Das wirst du erfahren, noch ehe ein paar Minuten um sind«, antwortete der grausame Fürst.

»Schick mir den Kaplan und harre hier meiner Befehle.«

Mit diesen Worten war er auf der Suche nach Isabella hinausgeeilt und ließ die bestürzten Damen zurück, die seine Worte und sein heftiges Verhalten zutiefst verwirrte. Sie stellten vergeblich Vermutungen an, was er wohl im Sinn hätte.

Manfred kam, begleitet von dem Bauern und ein paar Bedienten, denen er gestattet hatte, ihn zu begleiten, aus dem Gewölbe zurück. Er lief ohne anzuhalten die Treppe hinauf, bis er die Galerie erreichte, an deren Tür er mit Hippolita und ihrem Kaplan zusammentraf. Nachdem Diego von Manfred entlassen worden war, war dieser ohne Verzug zu den Gemächern der Fürstin geeilt, um ihr zu melden, was er gesehen hatte. Diese vortreffliche Frau, die ebenso wie Manfred nicht an der Wirklichkeit der Erscheinung zweifelte, zog es vor, diese als Trugbild des Bedienten abzutun. Gewillt, ihren Gebieter vor einem neuerlichen Schicksalsschlag zu bewahren, und durch vielfachen Kummer gestählt, so daß sie allem ohne Zagen entgegentrat, war sie entschlossen, das Opfer auf sich zu nehmen, wenn das Schicksal diese Stunde für ihren Untergang bestimmt hatte.

Nachdem sie die widerstrebende Matilda zu Bett geschickt hatte, die vergeblich flehte, ihre Mutter begleiten zu dürfen, allein begleitet vom Kaplan, hatte Hippolita die Galerie und den großen Saal betreten. Und jetzt trat sie mit größerem Seelenfrieden als seit Stunden ihrem Herrn entgegen und versicherte ihm, daß die Erscheinung des riesenhaften Beines und Fußes ins Reich der Fabel gehörte und durch die Angst in dieser dunklen und unheimlichen Nachtstunde in den Köpfen seiner Diener ihren Ursprung genommen hätte. Sie und der Kaplan hätten den Saal betreten und alles am gewohnten Platz vorgefunden.

Obgleich Manfred wie seine Gemahlin überzeugt war, daß die Erscheinung keine Ausgeburt der Phantasie war, erholte er sich nun ein wenig von dem Gefühlsaufruhr, in den diese vielfachen sonderbaren Ereignisse ihn geworfen hatten. Er schämte sich seiner unmenschlichen Behandlung der Fürstin, die jede Kränkung mit neuen Zeichen der Liebe und Pflicht vergalt, und spürte, wie Zuneigung seinen Blick milderte. Aber nicht weniger schämte er sich, daß er Reue gegenüber einer fühlte, gegen die er insgeheim einen neuen Schlag plante. So unterdrückte er das Drängen seines Herzens und erlaubte sich auch nicht die Hinwendung zum Mitleid. Seine nächste Seelenregung war von ausgesuchter Schurkerei. Da er der unerschütterlichen Ergebenheit Hippolitas sicher sein konnte, durfte er sich sogar schmeicheln, daß sie sich nicht nur geduldig in eine Scheidung fügen würde, sondern sicher auch gewillt war, Isabella zu überreden, ihm ihre Hand zu schenken. Doch ehe er dieser schrecklichen Hoffnung länger frönen konnte, fiel ihm wieder ein, daß Isabella unauffindbar war. Wieder ganz bei Sinnen gab er Befehl, alle Wege und Zugänge zur Burg streng zu bewachen. Seine Bedienten wies er unter Androhung des Todes an, niemanden hinauszulassen. Dem jungen Bauern, von dem er nun günstig sprach, befahl er in einer kleinen Kammer an der Treppe zu bleiben, in der ein Strohsack lag. Den Schlüssel nahm er an sich, nicht ohne dem Jüngling zu sagen, daß er am Morgen mit ihm sprechen wolle. Dann entließ er seine Diener und zog sich in sein Gemach zurück, nachdem er Hippolita mit der Andeutung eines ernsten Nickens bedacht hatte.

2

Matilda, die sich auf Hippolitas Wunsch hin in ihre Räume zurückgezogen hatte, konnte keine Ruhe finden. Das schreckliche Schicksal ihres Bruders hatte sie tief getroffen. Daß Isabella verschwunden war, erregte wohl ihre Verwunderung. Aber die seltsamen Worte, die ihr Vater geäußert und seine dunkle Drohung seiner fürstlichen Gemahlin gegenüber hatten ihr sanftes Gemüt mit Angst und Schrecken erfüllt.

Sie erwartete ungeduldig die Wiederkehr Biancas, einer Jungfer, die sie bediente. Sie hatte sie ausgeschickt, damit sie herausbekäme, was aus Isabella geworden sei. Bianca war bald wieder zur Stelle und meldete ihrer Herrin, sie hätte von der Dienerschaft erfahren, Isabella wäre unauffindbar. Sie berichtete von dem Abenteuer des jungen Bauernburschen, den man im Gewölbe ertappt hatte, wenn auch mit zahlreichen einfältigen Zusätzen aus den wirren Berichten der Domestiken. Am ausführlichsten erging sie sich in der Schilderung des riesenhaften Beines und des Fußes, den man in dem an die Galerie anschließenden Raum gesehen hätte. Dieser letzte Umstand hatte Bianca so viel Angst eingejagt, daß sie erleichtert war, als Matilda sagte, sie wolle sich nicht zur Ruhe begeben, sondern wachen, bis die Fürstin sich erhebe.

Die junge Prinzessin erging sich nun in Vermutungen über Isabellas Flucht und die Drohungen Manfreds ihrer Mutter gegenüber.

»Was hat er so dringend mit dem Kaplan zu schaffen?«

sagte Matilda. »Will er den Leichnam meines Bruders heimlich in der Kapelle zur Ruhe betten?«

»O nein, Herrin«, sagte Bianca. »Ich glaube, ich kenne den Grund. Da Ihr nun seine Erbin seid, kann er es kaum erwarten, Euch zu verheiraten. Immer schon hat er sich sehnlichst mehr Söhne gewünscht. Ich meine, daß er sich nun Enkelsöhne wünscht. Bei meinem Leben, Herrin, ich werde Euch jetzt endlich als Braut sehen. Gute Matilda, Ihr werdet Eure treue Bianca nicht fortschicken, und Ihr werdet auch nicht Donna Rosara über mich stellen, nun, da Ihr eine mächtige Fürstin seid?«

»Liebe Bianca, wie rasch deine Gedanken vorauseilen! Ich eine mächtige Fürstin! Hast du seit dem Tod meines Bruders Anzeichen dafür gesehen, daß Manfreds Zuneigung zu mir gewachsen wäre? Nein, Bianca, sein Herz blieb mir immer fremd, doch ist er mein Vater, und ich darf keine Klage führen. Nein, wenn auch der Himmel mir das Vaterherz verschließt, so belohnt es meine bescheidenen Verdienste überreich durch die Zärtlichkeit meiner Mutter — o meine teure Mutter! Ja, Bianca, da fühle ich das schroffe Wesen Manfreds. Zeigt er mir gegenüber Kälte, dann ertrage ich es mit Geduld, doch es tut mir in der Seele weh, wenn ich sehe, wie grundlos hart er zu meiner Mutter ist.«

»Ach, gnädiges Fräulein«, sagte Bianca, »alle Männer gehen so mit ihren Frauen um, wenn sie ihrer überdrüssig sind.«

»Und doch hast du mich eben beglückwünscht, als du meintest, mein Vater wolle mich vermählen.«

»Ich will Euch als große Dame sehen, komme, was da wolle. Ich will Euch nicht versteckt in einem Kloster sehen, wie es Euer Wille wäre, wenn Eure gnädige Mutter,

die weiß, daß ein schlechter Mann besser ist als gar kein Mann, Euch nicht daran hindern würde. Mein Gott, was für ein Getöse ist das? Heiliger Nikolaus, vergib mir! Es war nur ein Scherz.«

»Es ist der Wind, der durch die Turmzinnen pfeift. Du hast ihn schon ungezählte Male gehört.«

»Was ich sagte, war ja nichts Böses. Von der Ehe zu sprechen, ist keine Sünde. Und wie ich eben sagte — wenn Fürst Manfred Euch einen ansehnlichen jungen Prinzen als Gemahl vorstellen würde, dann würdet Ihr mit einem Knicks antworten, daß Euch der Schleier lieber wäre.«

»Dem Himmel sei Dank, daß ich mich nicht in dieser Gefahr befinde«, antwortete Matilda. »Du weißt, wie viele Bewerber er zurückwies.«

»Und Ihr dankt ihm pflichtschuldig wie eine gute Tochter. Aber denkt Euch, Herrin, wenn er Euch morgen in den großen Saal rufen ließe und Ihr dort an seiner Seite einen schönen jungen Prinzen sehen würdet, mit großen schwarzen Augen, mit glatter weißer Stirn und dunklem Gelock, kurz, einen jungen Helden, ähnlich dem Bild des guten Alfonso in der Galerie, vor dem Ihr stundenlang sitzt, um es anzusehen.«

»Sprich nicht leichtfertig von dem Bild«, sagte Matilda seufzend. »Ich weiß, meine Bewunderung für das Bild ist ungewöhnlich, aber ich bin nicht verliebt in eine bemalte Tafel. Der Charakter des tugendhaften Fürsten, die Verehrung, die mir meine Mutter für ihn eingab, die Gebete, zu denen sie mich an seinem Grab ermahnte, dies alles zusammen läßt mich glauben, daß mein Schicksal auf irgendwelche Weise mit ihm zusammenhängt.«

»Großer Gott, wie könnte das sein? Euer Geschlecht ist

mit dem seinen nicht verwandt. Und ich kann mir nicht denken, warum die Fürstin Euch an kalten Morgen oder nebligen Abenden an seine Gruft schickt, damit Ihr dort betet. Er ist kein Heiliger der Kirche. Wenn sie Euch schon beten läßt, warum dann nicht zu unserem großen heiligen Nikolaus? Das ist der Heilige, zu dem ich um einen Gatten bete.«

»Vielleicht wäre mein Gemüt weniger beeindruckt, wenn meine Mutter mir die Gründe erklärt hätte. Doch das Geheimnis, mit dem sie dies alles umgibt, erweckt in mir diese ... diese ... ich weiß nicht, wie ich es nennen soll. Da sie niemals einer bloßen Laune folgt, ahne ich, daß alldem ein dunkles Geheimnis zugrunde liegt, nein, ich weiß es. In ihrem schmerzlichen Kummer nach dem Tod meines Bruders entfuhren ihr Worte, die dies andeuteten.«

»O liebste Herrin, was sagte sie?«

»Nein, einem Kind steht es nicht zu, etwas zu verraten, was die Mutter unwillkürlich sagt.«

»Wie? Tat es ihr am Ende leid, daß sie es sagte? Herrin, Ihr könnt mir vertrauen!«

»Meine eigenen kleinen Geheimnisse vertraue ich dir gern an, wenn ich welche haben sollte, nie aber die Geheimnisse meiner Mutter. Augen und Ohren eines Kindes sollen sich den Wünschen der Eltern fügen.«

»Ihr seid die geborene Heilige, und seiner Berufung entgeht man nicht. Ihr werdet in einem Kloster enden. Wenn ich an die edle Isabella denke ... die hört es gern, wenn ich ihr von jungen Herren erzähle. Und als einmal ein schmucker Kavalier ins Schloß kam, da vertraute sie mir an, sie wünschte, Euer Bruder Conrad gliche ihm.«

»Bianca, ich dulde nicht, daß du von meiner Freundin

unehrerbietig redest. Isabella ist von heiterer Wesensart,
doch ist ihre Seele die Verkörperung der Tugend. Sie
kennt dein munteres Geschwätz und hat dich hin und
wieder dazu ermutigt, um dem Trübsinn zu entfliehen
und die Abgeschiedenheit zu beleben, in der mein Vater
uns hält.«

»Heilige Maria«, rief Bianca erschrocken. »Da ist es wieder! Hört Ihr nichts, Matilda? In diesen Mauern spukt es!«

»Sei still und lausche! Ich glaubte eine Stimme zu hören, doch war es gewiß nur Einbildung. Deine Ängstlich-
keit hat mich schon angesteckt.«

»Fürwahr«, rief Bianca, den Tränen nahe, »ich hörte
ganz gewiß eine Stimme.«

»Befindet sich jemand in der Kammer unter uns?« fragte die Prinzessin.

»Niemand hat gewagt, dort eine Nacht zu verbringen,
seitdem der große Astrologe, der Lehrer Eures Bruders,
sich ertränkte. Ganz gewiß kommen nun sein Geist und
der Eures Bruders dort unten zusammen. Um Himmels
willen, laßt uns zu den Gemächern Eurer Mutter laufen!«

»Rühr dich nicht von der Stelle!« mahnte Matilda.
»Wenn es Geister in Bedrängnis sind, dann können wir
ihre Leiden lindern, indem wir sie danach fragen. Sie
können uns nicht übel wollen, da wir ihnen nichts getan
haben. Und wenn sie uns übel wollen, dann sind wir in
einem anderen Raum auch nicht sicher. Gib mir meinen
Rosenkranz. Erst wollen wir beten und dann mit ihnen
sprechen.«

»Gnädige Herrin, um nichts in der Welt würde ich mit
einem Gespenst sprechen«, klagte Bianca.

Als sie diese Worte aussprach, hörte man, wie das Fenster des Kämmerchens geöffnet wurde. Beide lauschten

gespannt, und es dauerte nicht lange, und sie glaubten jemanden singen zu hören, ohne daß man die Worte verstanden hätte.

»Das kann kein böser Geist sein«, flüsterte die Prinzessin.

»Sicher ist es einer von unseren Leuten ... öffnet das Fenster, damit wir die Stimme erkennen.«

»Das wage ich nicht, Herrin«, sagte da Bianca.

»Eine Törin bist du«, meinte darauf Matilda und öffnete das Fenster behutsam. Dennoch wurde das Geräusch, das sie dabei machte, gehört, denn die Person, die unten gesungen hatte, hielt inne.

»Ist dort unten jemand?« fragte die Prinzessin. »Wenn ja, dann antwortet.«

»Ja«, meldete sich eine unbekannte Stimme.

»Wer ist da?«

»Ein Fremder.«

»Was für ein Fremder? Und wie kommt Ihr zu dieser unheiligen Zeit hierher, da doch alle Tore verschlossen sind?«

»Ich bin nicht aus eigenen Stücken hier«, antwortete die Stimme, »aber verzeiht mir, wenn ich Eure Ruhe störte. Ich wußte nicht, daß man mich hört. Der Schlaf will sich nicht einstellen. Ich erhob mich von meinem unruhigen Lager und wollte die quälenden Stunden damit verbringen, das Kommen des holden Morgens zu betrachten, ungeduldig meiner Entlassung aus diesem Gemäuer harrend.«

»Eure Worte und Euer Ton künden von Betrübnis. Wenn Ihr unglücklich seid, könnt Ihr meines Mitleids sicher sein. Wenn Armut Euch beschwert, dann laßt es mich wissen. Ich will der Fürstin von Euch berichten, deren mildtätige Seele sich für die Bedrückten aufopfert. Sie wird dir helfen.«

»Ja, ich bin unglücklich«, sagte der Fremde. »Und was Reichtum ist, das weiß ich nicht. Doch will ich nicht das Los beklagen, das der Himmel mir auferlegt hat. Ich bin jung und gesund und schäme mich nicht, von meiner Hände Arbeit zu leben. Haltet mich aber nicht für stolz. Auch schätze ich Euer großherziges Angebot nicht gering. Ich werde Eurer in meinen Gebeten gedenken und den Segen auf Euch und Eure edle Herrin herabflehen. Wenn ich seufze, edle Dame, dann ist es nicht um meinetwillen.«

»Ach, jetzt weiß ich, wer es ist« flüsterte Bianca der Prinzessin zu. »Das muß der junge Bauernbursche sein. Meiner Seel, der muß verliebt sein! Was für ein reizendes Abenteuer! Wir wollen ihn weiter ausfragen. Er hat Euch nicht erkannt und hält Euch für eine der Damen der edlen Hippolita.«

»Schämst du dich nicht, Bianca?«, rügte die Prinzessin. »Welches Recht haben wir, die Herzensgeheimnisse des jungen Mannes zu erkunden? Er scheint mir rechtschaffen und aufrichtig und gesteht, daß er unglücklich ist. Dürfen wir ihn deshalb als unseren Besitz ansehen? Haben wir deshalb ein Anrecht auf sein Vertrauen?«

»O Gott, wie wenig Ihr von der Liebe wißt!« antwortete Bianca. »Nichts bereitet Liebenden größere Wonnen, als von der Geliebten zu sprechen.«

»Und ich soll die Vertraute eines Bauern werden?«

»Nun denn, dann laßt mich mit ihm sprechen. Wird mir jetzt auch die Ehre zuteil, Eurer Hoheit Ehrendame zu sein, so hatte ich nicht immer diese Stellung inne. Außerdem macht Liebe nicht nur alle Stände gleich, sie vermag auch, jeden Stand emporzuheben. Ich hege große Achtung vor jedem verliebten jungen Mann.«

»Still, du dummes Ding!«, sagte die Prinzessin. »Wenn er unglücklich ist, heißt das nicht unbedingt, daß er verliebt ist. Denk daran, was sich heute zutrug, und sag mir dann, ob es nur Unglück war, das die Liebe schafft.« Und zu dem Fremdling gewandt fuhr Matilda fort: »Wenn du dein Unglück nicht selbst verschuldet hast und wenn es in Fürstin Hippolitas Macht steht, dir zu helfen, dann will ich dafür sorgen, daß sie deine Gönnerin wird. Wenn man dich aus diesem Schloß entläßt, dann wende dich an den frommen Pater Jerome im Kloster neben der Kirche des heiligen Nikolaus, und erzähle ihm deine Geschichte, so weit du dies für richtig hältst. Er wird die Fürstin zu Rate ziehen, die wie eine Mutter für alle sorgt, die ihrer Hilfe bedürfen. Lebwohl. Es ziemt sich für mich nicht, daß ich zu später Stunde mit einem Mann länger spreche.«

»Mögen die Heiligen Euch behüten, edle Dame«, gab der Bauernbursche zur Antwort, »aber ach, ein armer und unbedeutender Fremder bittet noch um eine Minute Eurer Aufmerksamkeit ... gewährt Ihr mir dieses Glück ... das Fenster steht offen ... darf ich fragen ...?«

»Rasch, sprecht, der Morgen dämmert herauf. Wenn die Feldarbeiter uns sehen ... Was möchtet Ihr mich fragen?«

»Ich weiß nicht wie ... ich wage kaum«, sagte der junge Fremdling stockend, »doch die Güte, die Ihr erkennen laßt, gibt mir den Mut. Edle Frau, darf ich Euch trauen?«

»O Himmel, was meint Ihr damit? Was wollt Ihr mir anvertrauen? Sprecht ohne Furcht, wenn ein tugendhaftes Herz Euer Geheimnis aufnehmen darf.«

»Ich wollte fragen, ob es wahr ist, was ich von den Bedienten hörte, daß nämlich die Prinzessin aus der Burg verschwand?«

»Warum wollt Ihr das wissen? Eure ersten Worte besonnen und ernst. Seid Ihr gekommen, Manfreds Geheimnisse zu erkunden? Lebt wohl. Ich habe mich in Euch wohl geirrt.«

Damit schloß sie hastig das Fenster, ohne dem jungen Mann Zeit für eine Antwort zu lassen. »Klüger wäre es gewesen, ich hätte dich mit diesem Bauern reden lassen«, sagte die Prinzessin zu Bianca nicht ohne Schärfe. »Seine Neugierde kann sich mit der deinen messen.«

»Mir steht es nicht zu, mit Eurer Hoheit zu streiten«, erwiderte Bianca, »doch hätte ich ihm vielleicht nützlichere Fragen gestellt als Ihr.«

»Ohne Zweifel! Du bist eine Person von großer Umsicht! Darf ich wissen, was du ihn gefragt hättest?«

»Ein Zuschauer sieht oft mehr von dem Spiel als der Spieler selbst«, sagte Bianca darauf. »Glauben Eure Hoheit, daß die Frage nach der edlen Isabella aus bloßer Neugierde gestellt wurde? Nein, gnädiges Fräulein, da steckt mehr dahinter, als ihr Hochgeborenen wahrhaben wollt. Lopez sagte mir, alle Bedienten glaubten, dieser junge Bursche hätte Isabellas Flucht ausgeheckt ... Bedenkt doch ... Ihr und ich, wir beide wissen, daß Isabella für den Prinzen, Euren Bruder, nicht viel übrig hatte. Und siehe da, er kommt eben in der richtigen Minute zu Tode! Ich gebe niemandem die Schuld. Ein Helm fällt vom Mond herunter ... das sagt Euer Vater, mein Gebieter. Aber Lopez und die anderen im Haus sagen, der junge Fant sei mit Zauberkräften ausgestattet und hätte den Helm aus Alfonsos Grab gestohlen.«

»Halt ein mit diesem Schwall an Unverschämtheiten«,

gebot Matilda ihr.

»Mitnichten, Gnädigste«, rief Bianca, »denn es ist fürwahr sehr merkwürdig, daß die edle Isabella am gleichen Tag verschwindet und dieser junge Hexenkünstler bei der Falltür angetroffen wird ... ich beschuldige niemanden, aber wenn mein junger Herr eines natürlichen Todes gestorben wäre ...«

»Wage es nicht, den fleckenlosen Ruf Isabellas anzuzweifeln«, sagte da Matilda.

»Fleckenlos oder nicht, sie ist verschwunden. Ein Fremdling wird entdeckt. Ihr befragt ihn höchstpersönlich. Er sagt, er wäre verliebt oder unglücklich, was dasselbe ist, nein, er sagte sogar, er wäre unglücklich einer anderen Person wegen. Und das kann nur bedeuten, daß er in diese Person verliebt ist. Und im gleichen Atemzug fragt er in aller Unschuld, die arme Seele!, ob die edle Isabella verschwunden ist.«

»Ich muß sagen, daß deine Bemerkungen nicht ganz der Grundlage entbehren«, meinte darauf Matilda. »Isabellas Flucht wundert mich sehr. Die Neugierde des Fremden ist seltsam. Doch hat Isabella vor mir nie einen Gedanken verborgen.«

»Das sagte sie ... um Eure Geheimnisse zu erkunden. Aber wer weiß, vielleicht ist dieser Fremdling ein verkleideter Prinz? Bitte, laßt mich das Fenster öffnen und ihm Fragen stellen.«

»Nein, ich will ihn selbst fragen, ob er etwas von Isabella weiß. Er ist es nicht wert, daß ich darüber hinaus mit ihm rede.«

Sie wollte das Fenster öffnen, als sie die Glocke von der Seitenpforte, rechts neben dem Turm, in dem Matildas Gemach lag, hörten. Dies hinderte die Prinzessin daran, das Gespräch mit dem Fremdling wieder aufzunehmen.

Nach längerem Schweigen sagte sie zu Bianca: »Ich bin überzeugt, daß Isabellas Flucht kein unwürdiges Motiv zugrunde liegt. Wenn dieser Fremdling es kennt, dann muß sie von seiner Treue und seinem Wert überzeugt sein. Bianca, ist dir nicht auch aufgefallen, daß seine Worte von Gottesfurcht kündeten? Das war nicht die Sprache eines Schurken, seine Worte waren vielmehr die eines Mannes von Stand.«

»Ich sagte schon, daß ich sicher bin, er wäre ein verkleideter Prinz.«

»Doch wenn er von ihrer Flucht wußte, warum hat er sie nicht begleitet? Warum setzt er sich unnötig und überstürzt der Rache meines Vaters aus?«

»Ach, was dies anlangt, so wird er Wege finden, dem Zorn Eures Vaters zu entgehen, wenn es ihm glückte, unter dem Helm herauszukommen. Sicher hat er einen Talisman oder dergleichen bei sich.«

»Du erklärst alles mit Zauberei, doch ein Mensch, der sich höllischen Mächten verschreibt, nimmt nicht jene großen heiligen Worte in den Mund, die er aussprach. Hast zu nicht gehört, mit welcher Inbrunst er gelobte, mich in seinen Gebeten dem Himmel zu empfehlen? Ja, Isabella muß von seiner Frömmigkeit überzeugt gewesen sein.«

»Empfehlt mich der Frömmigkeit eines jungen Mannes und seiner Liebsten, die eine Entführung planen!« sagte Bianca. »Nein, nein, mein Fräulein, Isabella ist aus ganz anderem Holz geschnitzt, als Ihr es glaubt. Ja, sie hat in Eurem Beisein die Augen verdreht, und sie hat tief geseufzt, weil sie weiß, daß Ihr eine Heilige seid, doch kaum habt Ihr Isabella den Rücken gekehrt ...«

»Du tust ihr unrecht! Isabella ist keine Heuchlerin. Sie ist sehr anhänglich und hat nie eine Tugend vorgetäuscht, die sie nicht hatte. Im Gegenteil, sie hat immer meine Neigung fürs Kloster bekämpft. Obwohl ich zugeben muß, daß mich ihre geheimnisvolle Flucht verwirrt, weil sie mir mit unserer Freundschaft unvereinbar scheint, so kann ich nicht die selbstlose Wärme vergessen, mit der sie stets dagegen auftrat, daß ich den Schleier nehmen wollte. Sie wollte mich vermählt sehen, obwohl meine Mitgift für sie und die Kinder meines Bruders einen Verlust bedeutet hätte. Ihr zuliebe will ich von diesem Bauernburschen nicht schlecht denken.«

»Ihr glaubt also auch, daß Liebesbande zwischen den beiden bestehen?« Da kam eilig ein Diener herein und berichtete der Prinzessin, man hätte Isabella gefunden. »Wo?« fragte Matilda.

»Sie hat in der Kirche des heiligen Nikolaus Zuflucht gefunden«, sagte der Diener. »Pater Jerome selbst hat die Nachricht gebracht. Er ist unten bei Seiner Hoheit.«

»Wo ist meine Mutter?«

»Sie befindet sich in ihren Räumen und hat nach Euch gefragt.«

Manfred hatte sich bei Tagesanbruch erhoben und war zu Hippolita gegangen, um zu erfragen, ob sie etwas von Isabella wüßte. Als er sie danach fragte, wurde gemeldet, daß Jerome ihn zu sprechen wünsche. Manfred, der den Grund für das Kommen des Mönchs nicht ahnte, da er wußte, daß Hippolita ihn für ihre Mildtätigkeit einsetzte, ließ ihn eintreten. Er wollte die beiden alleinlassen und seine Suche nach Isabella wieder aufnehmen.

»Wollt Ihr mich oder die Fürstin sprechen?« fragte

Manfred.

»Euch beide«, erwiderte der heilige Mann.

»Was ist mit Isabella?« unterbrach Manfred ihn.

»Sie ist am Altar des heiligen Nikolaus«, erwiderte Jerome.

»Das ist nicht Hippolitas Sache«, sagte Manfred in seiner Verwirrung, »laßt uns in meine Räume gehen, Pater, dort könnt Ihr mir berichten, wie sie in die Kirche kam.«

»Nein, Herr«, gab der gute Mönch mit soviel Festigkeit und Würde zurück, daß sogar Manfred nachgab, der die heiligmäßigen Tugenden Jeromes verehrte, »mein Auftrag gilt beiden. Und mit Eurer Hoheit Erlaubnis werde ich mich seiner in Gegenwart beider entledigen. Als erstes aber muß ich die Fürstin befragen, ob sie den Grund für die Flucht der edlen Isabella kennt.«

»Bei meiner Seele, nein«, sagte Hippolita. »Hat Isabella dies behauptet?«

»Pater«, unterbrach Manfred sie, »ich erweise Eurem heiligen Stande die geziemende Achtung, doch bin ich hier der Fürst und werde keinem geschäftigen Priester gestatten, sich in die Angelegenheiten meines Hauses zu mischen. Wenn Ihr etwas zu sagen habt, dann folgt mir in mein Gemach. Es ist nicht meine Gewohnheit, vor meiner Gemahlin geheime Staatsangelegenheiten zu erörtern. Das ist nicht Weibersache.«

»Mein Herr«, sagte der heilige Mann, »ich dringe nicht in Familiengeheimnisse. Mein Amt ist es, Frieden zu stiften, Zwistigkeiten zu schlichten, zur Reue aufzurufen und die Menschen zu lehren, ihre ungestümen Leidenschaften zu zügeln. Ich vergebe Eurer Hoheit die harte Rede: Ich kenne meine Pflicht und stehe in den Diensten eines mächtigeren Fürsten, als Manfred es ist. Hört auf

51

ihn, der durch mich zu Euch spricht.«

Manfred erbebte vor Zorn und Scham. Hippolitas Haltung verriet Erstaunen und Ungeduld, wohin dies führen würde. Ihr Schweigen war Zeichen ihrer Ehrerbietung für Manfred.

»Die edle Isabella«, fuhr Jerome fort, »empfiehlt sich Euren Hoheiten. Sie dankt Euch beiden für die Liebe, mit der sie unter Eurem Dach behandelt wurde. Sie beweint den Verlust Eures Sohnes und ihr eigenes Unglück, das verhindert hat, daß sie die Tochter so weiser und edler Fürsten wird, die sie stets als Eltern achten wird. Sie betet für Eure ungestörte Einigkeit und Euer Glück. (Manfred wechselte die Farbe.) Doch da sie nicht mehr mit Euch verwandt sein kann, erbittet sie Euer Einverständnis, im Kloster zu bleiben, bis sie Kunde von ihrem Vater bekommt. Weiters erbittet sie im Falle seines Todes, mit Einwilligung ihrer Vormünder eine passende Ehe eingehen zu dürfen.«

»Diese Erlaubnis gebe ich nicht«, sagte der Fürst. »Ich verlange, daß sie ohne Verzug zurückkehrt. Ich bin ihren Vormündern für sie verantwortlich und werde nicht zulassen, daß sie in andere Hände gerät.«

»Euer Hoheit wird sich gewiß erinnern, warum dies nicht mehr statthaft ist«, erwiderte der Mönch.

»Ich brauche keinen Mahner«, sagte Manfred errötend. »Isabellas Verhalten läßt Raum für allerlei Verdächtigungen, und dieser junge Tunichtgut, der zumindest Beihelfer ihrer Flucht, wenn nicht gar der Grund dafür war ...«

»Der Grund«, unterbrach Jerome, »war denn ein junger Mann der Grund?«

»Unerträglich!« rief Manfred erbost. »Soll ich mich in meinem eigenen Haus von einem unverschämten Mönch beleidigen lassen? Gewiß wißt Ihr von der Liebschaft der beiden.«

»Ich würde den Himmel anflehen, Euch von Euren ungerechten Vorwürfen zu befreien«, sagte Jerome, »falls Eure Hoheit nicht insgeheim wüßten, wie ungerecht Eure Vorwürfe sind. Und ich flehe den Himmel an, daß er Euch diese Härte vergebe. Weiters flehe ich Eure Hoheit an, die Prinzessin an jenem heiligen Ort in Frieden zu lassen, wo sie verschont bleibt von eitlen und weltlichen Phantastereien, wie es Liebesworte von einem Mann sind.«

»Verschone mich mit deiner Frömmelei«, sagte nun Manfred, »kehre vielmehr um und erinnere die Prinzessin an ihre Pflicht.«

»Es ist meine Pflicht, ihre Rückkehr hierher zu verhindern«, sagte Jerome.

»Sie befindet sich dort, wo Waisen und Jungfrauen vor den Ränken und Tücken dieser Welt am sichersten sind. Und nur die elterliche Gewalt wird sie dort entfernen.«

»Ich bin ihr Vater und fordere ihre Rückkehr.«

»Sie hat Euch als Vater angesehen, doch der Himmel, der diese Verbindung verhinderte, hat alle Bande zwischen Euch gelöst. Und ich melde Eurer Hoheit ...«

»Halt ein, du Tollkühner, fürchte meinen Zorn!«

»Frommer Bruder«, sagte da Hippolita, »es ist Eure Pflicht, der Person nicht zu achten. Ihr müßt sprechen, wie es Euch die Pflicht eingibt. Meine Pflicht hingegen ist es, nichts anzuhören, was meinem Gebieter mißfällt. Ich will mich in meine Kapelle zurückziehen und zur heiligen Jungfrau beten, sie möge Euch mit ihrer Weisheit erleuchten und das Herz meines edlen Gebieters wieder friedlich und sanft machen.«

»Edelste aller Frauen ... mein Herr, zu Euren Diensten«, sagte der Mönch.

Manfred ging nun in Begleitung Jeromes zu seinen Räumen, wo er die Tür schloß.

»Pater, ich merke, daß Isabelle Euch meine Absicht verraten hat. Und jetzt hört meinen Entschluß und gehorcht mir. Aus Gründen der Staatsräson, sehr gewichtigen Gründen, die meine eigene und die Sicherheit meiner Untertanen betreffen, muß ich einen Sohn haben. Einen Erben von Hippolita zu erwarten, ist vergeblich. Ich habe in Isabella meine Wahl getroffen. Ihr müßt sie zurückbringen. Und Ihr müßt noch ein Übriges tun. Ich weiß, welchen Einfluß Ihr auf Hippolita habt. Ihr Gewissen liegt in Euren Händen. Ich muß gestehen, daß sie eine Frau ohne Fehl und Tadel ist. Ihre Seele strebt nach dem Himmel und schätzt die weltliche Größe gering. An Euch liegt es nun, sie davon völlig abzuwenden. Ihr sollt sie überreden, in die Auflösung unserer Ehe einzuwilligen und sich in ein Kloster zurückzuziehen. Wenn sie es wünscht, soll sie eines stiften. Und sie soll die Mittel bekommen, daß sie sich Eurem Orden so großzügig erweisen mag, wie sie oder wie Ihr es nur wünschen könnt. Auf diese Weise könnt Ihr das Übel abwenden, das über unsern Häuptern hängt und Euch das Verdienst erwerben, das Fürstentum von Otranto vor dem Verderben zu retten. Ihr seid ein kluger Mann. Wenn auch mein hitziges Wesen mir einige ungebührliche Worte entlockte, so achte ich doch Eure Tugend hoch und möchte Euch den Frieden meines Lebens und die Erhaltung meines Geschlechts danken können.«

»Der Wille des Himmels geschehe«, sagte der Mönch. »Ich bin nur sein unwürdiges Werkzeug. Ich brauche

Euch nicht zu sagen, Fürst, wie ungeheuerlich Eure Wünsche sind. Die Kränkungen der tugendhaften Hippolita sind bis zum Thron des Erbarmens gelangt. Laßt Euch von mir rügen Eurer ehebrecherischen Absicht wegen. Laßt Euch von mir warnen, daß Ihr Eure blutschänderische Absicht mit Eurer Schwiegertochter nicht wahrmacht. Der Himmel, der sie Eurem Wüten entzog, als die Prüfungen, von denen Euer Haus heimgesucht wurde, Euch wahrlich andere Gedanken hätten eingeben solln, wird auch weiter über ihr wachen. Sogar ich, ein armer und verachteter Mönch, kann sie vor Eurer Gewalt beschützen. Ich, armer Sünder, den Eure Hoheit als Mitwisser Gott weiß welcher Liebschaften beschuldigt, verachte die Schmeicheleien, mit denen Ihr meine Rechtschaffenheit auf die Probe gestellt habt. Ich liebe meinen Orden. Ich achte fromme Seelen. Ich respektiere die Frömmigkeit Eurer Fürstin ... aber ich werde nicht das Vertrauen verraten, das sie in mich setzt und ich werde auch nicht der Sache der Kirche durch sündige und üble Machenschaften dienen. Fürwahr! Das Wohl des Staates hängt daran, daß Ihr einen Sohn habt. Der Himmel spottet der Kurzsichtigkeit des Menschen. Welches Geschlecht konnte sich bis gestern noch mit dem Manfreds messen? Und wo ist der junge Conrad jetzt? Mein Herr, ich achte Eure Tränen, aber ich werde sie nicht zum Versiegen bringen. Laßt sie fließen, Fürst! Sie werden im Himmel für das Wohl Eurer Untertanen mehr bewirken als eine Heirat, die, auf Lust oder Politik gegründet, nicht gedeihen kann. Das Zepter, das von Alfonsos Geschlecht auf Eures überging, kann nicht durch eine Verbindung gerettet werden, zu der die Kirche niemals die Erlaubnis geben wird. Wenn es der Wille des Allerhöchsten ist, daß

Manfreds Name untergehe, dann fügt Euch darein. Damit verdient Ihr Euch eine Krone, die unvergänglich ist. Kommt, Herr, Eure Reue gefällt mir. Laßt uns zur Fürstin zurückkehren. Sie ahnt nichts von Euren grausamen Absichten. Auch wollte ich Euch nur warnen. Ihr habt gesehen, mit wieviel liebevoller Geduld, mit wieviel Liebe sie das Ausmaß Eure Schuld hörte und es nicht hören wollte. Ich weiß, sie will nichts lieber, als Euch in die Arme nehmen und Euch ihrer unwandelbarer Liebe versichern.«

»Pater, Ihr mißversteht mich«, sagte der Fürst. »Gewiß, ich achte Hippolitas Tugenden. Ich halte sie für eine Heilige. Und ich wünschte, es wäre gut für mein Seelenheil, wenn ich das Band festige, das uns verbindet. Aber leider kennt Ihr noch nicht meinen größten Schmerz. Schon längere Zeit hege ich Zweifel an der Rechtmäßigkeit unserer Ehe, Hippolita ist mit mir vierten Grades verwandt ... gewiß, wir bekamen Dispens. Doch habe ich erfahren, daß sie auch mit einem anderen verlobt war. Das lastet schwer auf meinem Herzen. Und auf diesen Zustand unrechtmäßiger Ehe führe ich die Heimsuchung zurück, die mich mit dem Tod Conrads befallen hat! Befreit mein Gewissen von dieser Last. Löst unsere Ehe und vollendet das göttliche Werk, das Eure frommen Ermahnungen in meiner Seele begonnen haben«.

Der gute Mönch verspürte einen schneidenden Schmerz, als er gewahr wurde, was der listenreiche Fürst im Sinn hatte! Er zitterte um Hippolita, deren Vernichtung beschlossene Sache war, wie er nun sah. Und er fürchtete, daß Manfreds Verlangen nach einem Sohn ihn für den Fall, daß Isabella für ihn hoffnungslos verloren wäre, sich auf eine andere Person richten würde, die seinem hohen Rang nicht so gleichgültig gegenüberstünde.

Der fromme Mann überlegte eine Weile. Schließlich erschien ihm ein Aufschub noch am hoffnungsvollsten. Der Fürst durfte die Hoffnung nicht verlieren, Isabella zu gewinnen, dies erschien ihm im Augenblick am besten. Ihre Zuneigung zu Hippolita und ihr Abscheu vor Manfred würden sie seinen Ansichten zugänglich machen, bis die Maßnahmen der Kirche gegen eine Scheidung wirksam wurden.

Mit dieser Absicht im Herzen tat er so, als hätte er Verständnis für die Skrupel des Fürsten und sagte:

»Ich habe mir die Worte Eurer Hoheit durch den Kopf gehen lassen. Wenn es wirklich ein Gewissenszweifel ist, der Euch von Eurem tugendhaften Weibe trennt, dann will ich es nicht auf mich nehmen, Euer Herz zu verhärten! Die Kirche ist eine duldsame Mutter. Eröffnet ihr Euren Kummer. Sie allein kann Eure Seele trösten, indem sie entweder Euer Gewissen beruhigt oder aber nach gewissenhafter Prüfung Eurer Gründe Euch die Freiheit gibt und Euch den rechtmäßigen Weg zur Weiterführung Eures Geschlechts möglich macht. Für den letzteren Fall ... falls Isabella ihr Einverständnis gibt ...«

Manfred, der nun glaubte, er hätte den Guten übertölpelt oder durch seine vorgetäuschte Wärme für sich gewonnen, war überglücklich ob dieser unerwarteten Wendung und ließ sich zu den großartigsten Versprechungen hinreißen, falls der Vermittlung des Mönchs Erfolg beschieden wäre. Der wohlmeinende Priester ließ zu, daß Manfred sich selbst betrog. Er war entschlossen, seine Pläne zu durchkreuzen und sie keineswegs zu fördern.

»Da wir uns jetzt verstehen, Pater«, fuhr der Fürst fort, »erwarte ich, daß Ihr meine Neugierde in einem Punkt

befriedigt. Wer ist der Jüngling, den wir im Gewölbe gefunden? Er muß von Isabellas Flucht gewußt haben. Sagt
•mir: Ist er ihr Liebster? Oder ist er der Mittler der Leidenschaft eines anderen? Ich argwöhnte oft, daß Isabella für
meinen Sohn nur Gleichgültigkeit empfand. Tausende
Umstände drängen sich mir nun auf, die diesen Verdacht
bestätigen. Sie selbst war dessen so sehr gewahr, daß sie,
als ich sie in der Galerie stellte, meinem Verdacht zuvor-
kam und ihre Kühle gegenüber Conrad bestritt.«

Der Mönch, der von dem Jüngling nur das wußte, was
er nebenbei von der Prinzessin erfahren hatte und auch
nicht wußte, was aus ihm geworden war, schätzte das
ungestüme Wesen Manfreds nicht richtig ein. Er glaubte,
es wäre vielleicht von Nutzen, das Korn der Eifersucht in
sein Herz zu säen, weil damit vielleicht Isabella in Manfreds Wertschätzung sank oder aber er auf eine falsche
Fährte geriet, so daß eine neue Verfolgung verhindert
wurde. Von dieser unglückseligen Vorstellung bewegt,
antwortete er auf eine Weise, die in Manfred die Meinung
erwecken mußte, es bestünde eine Verbindung zwischen
Isabella und dem Jüngling. Nun bedurfte es nur eines
Funkens, um die Leidenschaft des Fürsten aufflammen zu
lassen, und er geriet auf die Andeutung des Mönchs hin in
heftige Wut.

»Ich werde bis auf den Grund dieses Ränkespiels drin-
gen«, rief er erzürnt. Indem er Jerome unvermittelt ste-
henließ, nicht ohne ihm zu befehlen, bis zu seiner Wiederkehr zu warten, eilte er in den großen Saal des Schlosses und ließ den Bauernburschen zu sich bringen.

»Du hartnäckiger junger Betrüger!« ließ sich der Fürst
vernehmen, als er des jungen Manns ansichtig wurde.
»Was ist nun aus der Wahrheit geworden, mit der du dich

gebrüstet hast? Göttliche Vorsehung und der Mondschein waren es, die dir die Falltür zeigten? Sage mir, tollkühner Knabe, wer du bist und wie lange du die Prinzessin kennst. Und hüte dich vor zweideutigen Antworten, wie du sie mir gestern gabst, oder ich werde dir die Wahrheit unter Foltern abringen.«

Der junge Mann, der nun merkte, daß seine Mithilfe bei der Flucht der Prinzessin entdeckt worden war und daß er ihr durch seine Worte nun weder nützen noch ihr einen Vorsprung verschaffen konnte, erwiderte: »Ich bin kein Betrüger, Herr. Auch habe ich Eure Schmähung nicht verdient. Gestern antwortete ich auf alle Fragen mit der gleichen Aufrichtigkeit, mit der ich jetzt sprechen werde. Nicht aus Angst vor Foltern, sondern weil meine Seele Falschheit verabscheut. Wiederholt Eure Fragen, Herr. Ich bin bereit, alles zu beantworten, was in meinen Kräften steht.«

»Du kennst meine Fragen und versuchst nur Zeit für eine Ausflucht zu gewinnen. Sag die Wahrheit: Wer bist du? Und seit wann kennst du die Prinzessin?«

»Ich bin ein Bauernknecht aus dem nächsten Dorf. Ich heiße Theodor. Die Prinzessin fand mich gesten im Gewölbe. Vor diesem Zeitpunkt hatte ich sie noch nie gesehen.«

»Das kann ich glauben oder nicht«, sagte daraufhin Manfred. »Doch will ich die ganze Geschichte erst von dir hören, ehe ich der Wahrheit auf den Grund gehe. Sage mir, welchen Grund gab die Prinzessin für ihre Flucht an? Von deiner Antwort hängt dein Leben ab.«

»Sie sagte, sie stünde am Rande des Verderbens. Wenn es ihr nicht gelänge, aus dem Schloß zu entkommen, drohe ihr die Gefahr, für immer ins Elend gestürzt zu werden.«

»Aus diesem fadenscheinigen Grund, bloß auf die Worte eines törichten Mädchens hin, hast du es auf dich genommen, meinen Unwillen zu erregen?«

»Wenn eine Frau in Bedrängnis sich meinem Schutz anvertraut, fürchte ich niemandes Unwillen.«

Während dieses Verhörs begab sich Matilda zu Hippolitas Gemächern. Am oberen Ende des Saales, wo Manfred seinen Sitz eingenommen hatte, war eine hölzerne Galerie mit vergitterten Fenstern. Durch diese Galerie mußten Matilda und Bianca. Als Matilda die Stimme ihres Vaters hörte und die Dienerschaft um ihn geschart sah, blieb sie stehen, um den Grund zu erfahren. Sogleich zog der Gefangene ihre Aufmerksamkeit auf sich. Seine ruhigen und gefaßten Antworten, der Edelmut seiner letzten Worte, die die ersten waren, die sie klar verstehen konnte, erweckten ihr Interesse zu seinen Gunsten. Er war auch in dieser Lage edel, stolz und aufrecht. Doch war es vor allem seine äußere Erscheinung, die sie fesselte.

»O Himmel, Bianca«, sagte die Prinzessin leise, »träume ich? Oder ist dieser Jüngling nicht das genaue Ebenbild von Alfonsos Bild in der Galerie?«

Mehr konnte sie nicht sagen, da die Stimme ihres Vaters mit jedem Wort lauter wurde.

»Diese Prahlerei übertrifft alle vorangegangenen Unverschämtheiten. Du sollst den Zorn zu spüren bekommen, den du herauszufordern wagst. Faßt ihn und bindet ihn! Die Prinzessin soll als erstes von ihrem Beschützer erfahren, daß er um ihretwillen den Kopf verlor.«

»Die Ungerechtigkeit, mit der Ihr mich behandelt«, sagte Theodor, »beweist mir, daß es eine gute Tat war, die Prinzessin von Eurer Tyrannei zu befreien. Möge ihr

Glück beschieden sein, was immer mit mir geschieht!«

»So spricht ein Verliebter!« rief Manfred erzürnt aus. »Ein Bauer ist angesichts des Todes nicht von solchen Gedanken bewegt. Sag mir endlich, tollkühner Knabe, wer du bist, oder das Rad wird dir das Geheimnis entreißen.«

»Ihr habt mich schon mit dem Tod bedroht, obwohl ich die Wahrheit sagte. Wenn dies der einzige Lohn für meine Aufrichtigkeit sein soll, dann werde ich Eurer eitlen Neugierte nicht länger nachgeben.«

»Du willst nicht sprechen?«

»Nein.«

»Bringt ihn auf den Burghof. Ich will ihm augenblicklich das Haupt abschlagen lassen.«

Matilda fiel bei diesen Worten in Ohnmacht. Bianca schrie auf und rief: »Hilfe! Hilfe! Die Herrin ist tot!«

Manfred fuhr auf und verlangte zu wissen, was geschehen war. Auch der junge Bauernbursche erschrak und stellte dieselbe Frage. Manfred aber ließ ihn hinausschaffen und dort bis zur Hinrichtung festhalten, bis er den Grund für Biancas Schreie erfahren hatte. Als er den Grund erfuhr, tat er dies als weibische Panik ab. Er ließ Matilda in ihre Räume schaffen und lief hinaus in den Hof. Dort rief er einen seiner Wachposten und hieß Theodor niederknien, damit er den Todesstreich empfange.

Der furchtlose Jüngling vernahm den Spruch mit einer Fassung, die allen außer Manfred ans Herz rührte. Er wünschte ernsthaft, die Bedeutung dessen zu erfahren, was er über die Prinzessin gehört hatte, widerstand aber diesem Wunsch, da er den Tyrannen nicht noch mehr gegen sie aufbringen wollte. Als einzige Gunst erbat er sich, die Beichte ablegen und mit dem Himmel seinen Frieden machen zu dürfen. Manfred gestattete ihm dies bereitwillig, weil er hoffte, durch den Beichtvater die Geschichte des Jünglings zu erfahren. Da er sicher war, daß Pater Jerome nun auf seiner Seite stand, ließ er ihn kommen, damit er dem Gefangenen die Absolution erteile. Der heiligmäßige Mann, der das durch seine Unbedachtsamkeit hervorgerufene Unheil nicht vorausgesehen hatte, fiel vor dem Fürsten auf die Knie und beschwor ihn, nicht unschuldiges Blut zu vergießen. Er klagte sich selbst mit bittersten Vorwürfen seiner Unklugheit wegen an und versuchte nach besten Kräften den Jüngling reinzuwaschen und ließ nichts unversucht, die Raserei des Tyrannen zu mäßigen.

Manfred, der von Jeromes Einschreiten noch mehr in Wut versetzt wurde und der nun argwöhnte, daß beide ihn angelogen hätten, befahl dem Mönch, seine Pflicht zu tun. Er wollte dem Gefangenen nur wenige Minuten für seine Beichte Zeit lassen.

»Mehr Zeit brauche ich nicht, Herr«, sagte der unglückliche junge Mann. »Dem Himmel sei Dank, meine Sünden sind nicht zahlreich und gehen nicht über das hinaus, was in meinem Alter zu erwarten ist. Trocknet Eure Tränen, guter Pater, und bringen wir die Sache hinter uns. Die Welt ist schlecht, und ich habe keinen Grund, sie mit Bedauern zu verlassen.«

»Unglücklicher Jüngling!« sagte Jerome. »Wie kannst du meinen Anblick ertragen? Ich bin dein Mörder! Ich bin es, der das Unheil über dich brachte!«

»Ich vergebe Euch aus ganzem Herzen«, sagte der Jüngling, »so wie ich hoffe, daß der Himmel mir vergeben wird. Hört meine Beichte Pater, und gebt mir Euren Segen.«

»Wie kann ich dich für deinen letzten Weg gebührend vorbereiten?« sagte Jerome. »Du kannst nicht erlöst werden, wenn du deinen Feinden nicht vergibst — und kannst du diesem gottlosen Menschen vergeben?«

»Ich kann es«, sagte Theodor. »Ich vergebe ihm.«

»Rührt dies nicht an dein Herz, grausamer Fürst?« fragte der Mönch.

»Ich ließ dich kommen, damit du die Beichte hörst«, sagte Manfred ernst, »nicht, damit du für ihn bittest. Du warst es, der mich gegen ihn aufbrachte ... sein Blut über dein Haupt!«

»So sei es!« sagte der Gute, von schmerzlichem Kummer überwältigt. »Ihr und ich dürfen nicht hoffen, den Weg zu gehen, den dieser begnadete Jüngling geht.«

»Fort mit dir!« rief Manfred. »Das Gejammer eines Pfaffen rührt mich so wenig wie Weibergekreisch.«

»Wie?« fragte der Jüngling, »ist es möglich, daß mein Schicksal bewirkte, was ich eben hören mußte? Ist die Prinzessin wieder in deiner Macht?«

»Du rufst mir meinen Zorn in Erinnerung«, sagte Manfred, »bereite dich vor, denn dies ist dein letzter Augenblick.«

Der Jüngling, der spürte, wie sich in ihm Empörung regte und den die Betrübnis rührte, mit der er alle Zuschauer und auch den Mönch erfüllte, unterdrückte seine Gefühle, zog sein Wams aus, öffnete den Kragen und kniete zum Gebet nieder. Als er sich neigte, glitt sein Hemd bis unter die Schulter hoch und gab den Blick auf eine Pfeilnarbe frei.

»Gütiger Himmel!« rief der heilige Mann erschrocken. »Was sehe ich? Es ist mein Sohn, mein Theodor!«

Was nun an Leidenschaften folgte, muß man sich vorstellen, es kann nicht beschrieben werden. Die Tränen der Umstehenden wurden durch das große Staunen zurückgehalten und nicht so sehr durch Freude. Alles schien in der Miene des Fürsten lesen zu wollen, welcher Empfindung man nachgeben sollte. Staunen, Zweifel, Zärtlichkeit, Achtung spiegelten sich in rascher Folge in der Miene des Jünglings. In demütiger Ergebenheit ließ er die Tränen und Umarmungen des Alten über sich ergehen. Als fürchte er, einer Hoffnung nachzugeben und weil er argwöhnte, was die Härte Manfreds bewirkt hatte, warf er einen Blick zum Fürsten hin, als wolle er sagen: Könnt Ihr Euch angesichts dieser Szene ungerührt zeigen?

Manfreds Herz war der Rührung sehr wohl fähig. Vor lauter Staunen vergaß er seinen Zorn. Doch verbot es ihm sein Stolz, seine Bewegung einzugestehen. Er hegte sogar Zweifel, ob die Entdeckung nicht eine List des Mönchs war, um den jungen Mann zu retten.

»Was soll das bedeuten?« fragte er. »Wie kann dieser da dein Sohn sein? Wie verträgt es sich mit deinem Amt und deinem heiligmäßigen Ruf, daß du den Sprößling eines Bauern als Frucht deiner ungebührlichen Liebschaften ausgibst?«

»O Gott, bezweifelt Ihr, daß er mein Sohn ist? Würde ich diesen Schmerz fühlen, wenn ich nicht sein Vater wäre? Verschont ihn, guter Fürst, verschont ihn und schmäht mich statt dessen, wie es Euch gefällt.«

»Verschont ihn!« riefen die Umstehenden dem Mönch zuliebe.

»Schweigt!« mahnte der Fürst ernst. »Ich muß mehr wissen, ehe ich eine Begnadigung ausspreche. Der Bastard eines Heiligen muß selbst kein Heiliger sein.«

»Herr, Ihr seid ungerecht!« sagte da Theodor. »Steigert Eure Grausamkeit nicht noch durch Kränkung. Wenn ich der Sohn dieses Verehrungswürdigen bin, dann wisset, daß ich, wenn auch kein Fürst, so doch von edlem Geblüt bin ...«

»Ja«, unterbrach ihn der Mönch, »in seinen Adern fließt edles Blut. Und er ist kein gemeiner Bastard, wie Ihr meint. Er ist mein rechtmäßiger Sohn. Und Sizilien kann sich nur weniger Häuser rühmen, die älter sind als das Haus der Falconara ... Aber was ist schon Geblüt und was ist Adel? Wir sind nur Gewürm, elende sündige Kreaturen. Die Gottesfurcht allein ist es, die uns von dem Staub unterscheidet, dem wir entsprungen sind und in den wir zurückkehren.«

»Hört auf mit Eurer Predigt!« unterbrach ihn Manfred. »Ihr seid nun nicht mehr Pater Jerome, sondern der Graf von Falconara. Berichtet mir Eure Geschichte. Für Moralpredigten ist hernach Zeit, falls es Euch nicht glückt, für diesen hartnäckigen Verbrecher Gnade zu erwirken.«

»Heilige Muttergottes«, rief der Mönch aus, »ist es denn möglich, daß mein Herr einem Vater das Leben seines einzigen, seines lange verloren geglaubten Kindes verweigert? Tretet mich mit Füßen, Herr, verachtet mich, qüalt mich, nehmt mir mein Leben, aber verschont meinen Sohn!«

»Ihr wißt also, was es bedeutet, den einzigen Sohn zu verlieren?« gab Manfred zurück. »Vor einer Stunde erst habt Ihr mir gepredigt, ich solle mich fügen. Wenn es das Schicksal will, so muß mein Haus untergehen, doch der Graf von Falconara ...«

»Weh mir, Herr, ich gestehe, daß ich gefehlt habe. Doch bitte ich Euch, vermehrt nicht die Leiden eines

Greises. Ich rühme mich meiner Familie nicht, ja, ich verachte solche Nichtigkeiten. Es ist die Natur selbst, die mich um diesen Knaben bitten läßt, das Gedächtnis der teuren Frau, die ihn geboren. Ist sie ... ist sie tot, Theodor?«

»Ihre Seele weilt schon längst bei den Himmlischen«, sagte Theodor.

»Sag mir, wie ...?« rief Jerome, »sag es mir ... Nein ... sie ist glücklick! Dir gilt jetzt meine einzige Sorge! Gestrenger Herr, schont Ihr das Leben meines armen Sohnes?«

»Geht in Euer Kloster«, sagte Manfred. »Bringt die Prinzessin zu mir. Gehorcht mir in allem, was Ihr wißt, und ich verspreche Euch das Leben Eures Sohnes.«

»O Herr, ist Rechtschaffenheit der Preis, den ich für das Leben des teuren Kindes zahlen muß?«

»Nein!« rief Theodor. »Laß mich eher tausend Tode sterben, als dein Gewissen zu beflecken. Was verlangt dieser Tyrann von dir? Ist die Prinzessin sicher seiner Macht entzogen? Beschütze sie, verehrungswürdiger Greis! Laß des Fürsten Zorn über mein Haupt kommen!«

Jerome wollte die Kühnheit des Jünglings zügeln. Doch noch ehe Manfred Antwort geben konnte, hörte man Hufschlag und Trompetenschall vor den Burgtoren. Gleichzeitig wurden die schwarzen Federn auf dem Helm, der noch immer im Hof lag, heftig bewegt. Sie nickten dreimal, als würden sie von einem unsichtbaren Träger zum Schwanken gebracht.

3

Manfred schwante nichts Gutes, als er sah, daß die Federbüsche des wundersamen Helms zu den Stößen der Trompeten nickten.

»Pater«, sagte er zu Jerome, den er nun nicht mehr als Grafen von Falconara anredete, »was bedeuten diese Vorzeichen? Sollte ich gefehlt haben ... (die Federn gerieten noch heftiger in Bewegung) Unglücklicher, der ich bin!« rief Manfred entsetzt. »Heiliger Vater! Steht mir mit Euren Gebeten bei!«

»Herr, der Himmel mißbilligt, daß Ihr mit seinen Dienern Euer Spiel treibt. Unterwerft Euch der Kirche, und laßt davon ab, ihre Diener zu verfolgen. Laßt diesen unschuldigen Jüngling frei und zeigt Achtung vor meinem heiligen Amt. Der Himmel läßt nicht mit sich spaßen. Ihr seht ...«(wieder ein Trompetenstoß)

»Ich gestehe, daß ich vorschnell war«, sagte dazu Manfred. »Pater, geht an die Pforte und fragte, wer vor dem Tor steht ...«

»Schenkt Ihr mir Theodors Leben?« erwiderte der Mönch.

»Ja, doch geht hin und fraget, wer draußen steht.«

Jerome fiel seinem Sohn um den Hals. Seine Tränenflut war Ausdruck dessen, was seine Seele empfand. »Ihr habt versprochen, ans Tor zu gehen«, mahnte Manfred.

»Ich dachte, Euer Hoheit würden entschuldigen, wenn ich durch meine Herzensregung Euch den gebührenden Dank abstatte.«

»Geht, Teuerster«, sagte Theodor, »gehorcht dem Fürsten. Ich verdiene es nicht, daß Ihr meinetwegen seinem Begehren nicht nachkommt.«

Als Jerome fragte, wer draußen wäre, bekam er die Antwort:

»Ein Herold.«

»Wessen Herold?«

»Der Herold des Ritters vom Riesenschwert. Ich habe mit dem Usurpator von Otranto ein Wort zu reden.«

Jerome lief zurück zum Fürsten und versäumte nicht, die Botschaft wortwörtlich zu überbringen. Die ersten Worte erfüllten Manfred schon mit Schrecken. Doch als er sich Usurpator genannt hörte, loderte sein Zorn auf, und sein Mut regte sich von neuem.

»Usurpator! Dreister Schurke!« rief er. »Wer wagt es, meinen Titel in Zweifel zu ziehen? Pater, zieht Euch zurück! Das ist nichts für Pfaffen. Ich werde diesem vermessenen Kerl selbst entgegentreten. Geht in Eure Kloster und bereitet die Rückkehr der Prinzessin vor. Euer Sohn soll mir als Unterpfand Eurer Treue dienen. Sein Leben hängt an Eurem Gehorsam.«

»Beim Himmel, Herr, Euer Hoheit haben meinen Sohn eben begnadigt! Habt Ihr das Dazwischentreten des Himmels schon vergessen?«

»Der Himmel schickt keinen Herold, der den Titel eines rechtmäßigen Fürsten bezweifelt ... ich bezweifle sogar, daß er seinen Willen durch Pfaffen offenbart, aber das ist Eure Sache, nicht meine. Ihr wißt, was ich will. Und wenn Ihr nicht mit der Prinzessin wiederkommt, dann wird auch kein dreister Herold Euren Sohn retten können.«

Es war vergebens, was der heilige Mann vorbrachte.

Manfred ließ ihn zur Seitenpforte bringen und aussperren. Theodor ließ er ganz hinauf in den schwarzen Turm schaffen und streng bewachen. Vater und Sohn durften sich vor der Trennung nur kurz umarmen. Dann zog Manfred sich in den großen Saal zurück, nahm seinen Sitz als Fürst ein und ließ den Herold eintreten.

»Was willst du, du dreister Kerl?« fragte der Fürst.

»Ich komme zu Euch, Manfred, Usurpator des Fürstentums Otranto, als Abgesandter des weitberühmten und unbesiegbaren Ritters, des Ritters vom Riesenschwert. Im Namen seines Herrn, Friedrich, des Markgrafen von Vicenza, fordert er die edle Isabella, Tochter jenes Fürsten, die Ihr gemein und verräterisch in Eure Gewalt gebracht habt, indem Ihr deren falsche Vormünder in seiner Abwesenheit bestochen habt. Er fordert weiters, daß Ihr das Fürstentum Otranto aufgebt, das Ihr besagtem Friedrich unrechtmäßig genommen habt, der dem letzten rechtmäßigen Herrscher Alfonso dem Großen im Blut am nächsten stand. Solltet Ihr diesen zwei Forderungen nicht ohne Verzug nachkommen, fordert er Euch zu einem Zweikampf bis zum letzten.«

Damit senkte der Herold seinen Stab.

»Und wo ist der Prahler, der dich schickt?«

»Er befindet sich eine Meile entfernt. Er kommt, um die Forderung seines Herrn gegen dich durchzusetzen, da dieser ein wahrer Ritter ist und Ihr ein Betrüger und Entführer seid.«

So schimpflich diese Herausforderung auch war, Manfred wußte, daß es ihm nichts nützte, den Markgrafen zu reizen. Er wußte, wie berechtigt die Forderung Friedrichs war. Und es war auch nicht das erste Mal, daß er diese Forderung hörte. Friedrichs Vorfahren hatten nach dem

Tod Alfonsos des Guten den Titel eines Fürsten von Otranto unumstritten übernommen, doch waren Manfred, sein Vater und Großvater zu mächtig gewesen, als daß das Haus von Vicenza sie hätte vertreiben können. Friedrich, ein kriegerischer und heißblütiger junger Prinz, hatte sich mit einem schönen Edelfräulein vermählt, das nach der Geburt Isabellas im Kindbett starb. Ihr Tod hatte ihn so betrübt, daß er das Kreuz genommen und ins heilige Land gezogen war, wo er in einem Gefecht gegen die Ungläubigen verwundet wurde, in Gefangenschaft geriet und angeblich ums Leben gekommen war. Als Manfred diese Nachricht zu Ohren kam, bestach er die Vormünder Isabellas, ihm das Mädchen als Braut für seinen Sohn Conrad auszuliefern. Durch diese Verbindung hoffte er, feste Bande zwischen den beiden Häusern zu knüpfen. Dieses Motiv war es auch, das seinen Entschluß bewirkt hatte, sich nach Conrads Tod mit ihr zu vermählen. Und dieser selbe Gedanke trieb ihn nun dazu, um Friedrichs Erlaubnis zu dieser Ehe einzukommen. Daraus entsprang nun sein vorsorglicher Plan, Friedrichs Fürsprecher auf die Burg einzuladen, damit er nicht von Isabellas Flucht erführe. Zuvor verbot er seinen Leuten strengstens, dem Gefolge des Ritters gegenüber auch nur ein Wort davon verlauten zu lassen.

»Herold«, sagte Manfred, nachdem er diese Überlegungen angestellt hatte, »kehre zu deinem Gebieter zurück und sage ihm, Manfred wolle mit ihm verhandeln, ehe wir unsere Meinungsverschiedenheiten mit dem Schwert austragen. Heiß ihn willkommen in meiner Burg, auf der ich reinen Gewissens als wahrer Ritter herrsche. Er soll höflich empfangen werden, ihm und seinem Gefolge wird Sicherheit gewährt. Können wir unseren Zwist nicht freundschaftlich beenden, so schwöre ich, daß ich ihm freies Geleit zubillige. Und es soll ihm nach dem Gesetz der Waffen voll Genugtuung geschehen. So wahr mir Gott und die heilige Dreifaltigkeit helfe!«

Der Herold zog sich mit drei Verbeugungen zurück.

Während dieses Gesprächs wurde Jeromes Gemüt von tausend widerstreitenden Leidenschaften bewegt. Er zitterte um das Leben seines Sohnes, so daß es sein erster Gedanke war, er müßte Isabella zur Rückkehr bewegen. Doch der Gedanke an ihre Vereinigung mit Manfred machte ihm kaum weniger Angst. Er fürchtete Hippolitas grenzenlose Ergebenheit in den Willen ihres Herrn. Daneben hegte er keinen Zweifel daran, daß er sie dazu bringen konnte, sich aus Frömmigkeit einer Scheidung zu widersetzen, falls man ihm Zutritt zu ihr gewährte. Wenn aber Manfred entdeckte, daß er ihr den Widerstand eingegeben hatte, dann konnte dies für Theodor ebenso tödliche Folgen haben.

Gleichzeitig drängte es ihn zu erfahren, woher der Bote gekommen war, der ganz unverhohlen Manfreds Rang in Frage gestellt hatte, doch wagte er nicht, das Kloster zu verlassen, damit nicht Isabella daraus verschwände und man ihm ihre Flucht zur Last legte.

Bedrückt machte er sich auf den Weg zu den Mönchszellen, unsicher, was er nun tun sollte. Ein Mönch, der ihm in der Vorhalle begegnete und seine betrübte Miene bemerkte, sagte:

»Bruder, so ist es wahr, daß wir unsere vortreffliche Fürstin Hippolita verloren haben?«

Jerome fuhr auf. »Was meinst du damit, Bruder? Ich komme eben vom Schloß und habe sie in guter Gesundheit zurückgelassen.«

»Martelli kam vor einer Viertelstunde am Kloster vor-
über«, sagte der andere, »und er berichtete, daß Ihre Hoheit tot wäre. Unsere Brüder sind in der Kapelle und beten, daß ihr ein guter Übergang in ein besseres Leben gewährt würde. Ich sollte hier auf dein Kommen warten.
Deine Anhänglichkeit an die Fürstin ist bekannt, deshalb
fürchtet man um dich ... dabei haben wir allen Grund für
Tränen. Sie war für unser Haus die Mutter ... Doch ist dieses Leben nur eine Pilgerfahrt, und wir dürfen nicht klagen, wir alle werden ihr nachfolgen. Möge uns ein Ende
beschieden sein wie ihr!«

»Guter Bruder, du träumst«, antwortete Jerome. »Ich
sage dir, daß ich vom Schloß komme und die Fürstin sich
wohl befindet. Wo ist Isabella?«

»Arme Prinzessin! Ich überbrachte ihr die traurige Botschaft und bot ihr geistliche Hilfe. Ich rief ihr ins Gedächtnis, daß das Menschenleben vergänglich ist und riet
ihr, den Schleier zu nehmen. Als Vorbild nannte ich ihr
die heilige Sanchia von Arragon.«

»Dein Bestreben war löblich«, meinte Jerome voller
Ungeduld, »doch war es unnötig. Hippolita ist wohlauf ...
zumindest vertraue ich auf Gott, daß sie es ist. Ich hörte
nichts, was dagegen spräche.«

»Und doch dünkt mir, daß die ernste Stimmung des
Fürsten ...«

»Nun, Bruder, wo ist Isabella?«

»Ich weiß es nicht. Sie vergoß viele Tränen und sagte,
sie wolle sich in ihre Kammer zurückziehen.«

Jerome ließ seinen Ordensbruder stehen und lief zur
Prinzessin. Diese befand sich nicht in ihrer Kammer. Er
befragte das Klostergesinde, doch er erfuhr nichts. Vergebens durchsuchte er Kloster und Kirche und schickte

74

Boten aus, die in der Umgebung fragen sollten, ob jemand sie gesehen hätte. Es nützte nichts. Der Gute hätte nicht verdutzter sein können. Er vermutete, daß Isabella sich an einem heimlicheren Ort versteckt hielt, weil sie argwöhnte, daß Manfred den Tod seiner Gemahlin herbeigeführt hatte, und weil sie darob von großer Angst befallen worden war. Diese neuerliche Flucht würde womöglich den Zorn des Fürsten noch steigern.

Der Bericht von Hippolitas Tod, der ihm gleichwohl höchst unwahrscheinlich schien, steigerte seine Verwirrung. Wenn auch Isabellas Flucht erkennen ließ, daß sie Manfred als Gatten verabscheute, war dies für Jerome kein Trost, da damit das Leben seines Sohnes gefährdet wurde. Er faßte den Entschluß, zum Schloß zurückzukehren. Dabei mußten ihn einige seiner Ordensbrüder begleiten, die vor Manfred seine Unschuld bezeugen sollten und notfalls mit ihm gemeinsam für Theodor bitten sollten.

Der Fürst hatte indessen die Tore öffnen lassen, um dem fremden Ritter und seinem Gefolge einen Empfang zu bereiten. Nach wenigen Minuten traf der Reiterzug ein. Als erstes kamen zwei Boten mit Heroldsstäben. Als nächstes ein Herold, gefolgt von zwei Pagen und zwei Fanfarenträgern. Dann folgten hundert Fußsoldaten. Eine gleiche Zahl Berittener kam als nächstes. Hinterher fünfzig Lakaien in Scharlach und Schwarz, den Farben des Ritters. Dann ein Pferd, das am Zügel geführt wurde. Zwei Herolde gingen beiderseits des Reiters. Sie trugen Banner mit den Wappen von Vicenza und Otranto geviertweise ... ein Umstand, der für Manfred eine Beleidigung darstellte. Doch er schluckte seinen Ärger hinunter. Wieder zwei Pagen. Der Beichtvater des Ritters, der seinen Rosenkranz betete. Fünfzig weitere Lakaien, ebenso gekleidet wie die anderen zuvor. Zwei Ritter in voller Rüstung, das Visier geschlossen, Waffengefährten des Ritters. Die Junker der zwei Ritter mit deren Schilden und Waffen. Der Junker des ersten Ritters. Und hundert Herren, die ein gewaltiges Schwert trugen, unter dessen Gewicht sie beinahe zusammenbrachen. Ein Ritter auf kastanienrotem Roß in voller Rüstung, die Lanze aufgestützt, das Gesicht hinter dem Visier verborgen, über dem ein Federbusch aus roten und schwarzen Federn aufragte. Fünfzig Fußsoldaten mit Trommeln und Trompeten beschlossen den Zug, der sich nach links und rechts teilte, um für den bedeutendsten Ritter Platz zu machen.

Vor dem Tor angelangt, hielt er inne. Und wieder trug ein Herold die Herausforderung vor. Manfreds Blick war auf das Riesenschwert gerichtet, er schien gar nicht zuzuhören. Doch wurde seine Aufmerksamkeit bald von einem Windstoß abgelenkt, der sich hinter ihm erhob.

Er wandte sich um. Die Federn des Riesenhelmbusches wurden auf seltsame Weise bewegt. Es bedurfte einer Unerschrockenheit, wie Manfred sie aufbrachte, um nicht unter diesem Zusammentreffen von Umständen zusammenzubrechen, die seinen Untergang ankündigten. Um es nicht vor Fremden an dem Mut, den er stets bewiesen hatte, fehlen zu lassen, sprach er kühn:

»Herr Ritter, wer immer Ihr seid, ich heiße Euch willkommen. Seid Ihr sterblicher Herkunft, so soll Eure Kühnheit einen würdigen Gegner treffen. Und wenn Ihr ein wahrer Ritter seid, werdet Ihr Zauberkünste verschmähen. Mögen diese Vorzeichen vom Himmel oder von der Hölle stammen. Manfred baut auf die Rechtmäßigkeit seiner Sache und auf den Beistand des heiligen Nikolaus, der seit jeher seinem Haus Schutz gewährte. Sitzt ab, Herr Ritter, und gönnt Euch Ruhe. Morgen sollt Ihr auf einen guten Gegner treffen. Der Himmel stehe der Sache der Gerechtigkeit bei!«

Der Ritter gab darauf keine Antwort. Er saß ab und wurde von Manfred in den großen Saal geleitet. Als sie über den Hof schritten, blieb der Ritter stehen, um den wundersamen Helm zu betrachten. Er kniete nieder und schien ein stilles Gebet zu sprechen. Als er sich wieder aufrichtete, bedeutete er dem Fürsten voranzugehen. Kaum hatten sie den Saal betreten, bot Manfred dem Fremdling an, er solle die Waffen ablegen. Der Ritter schüttelte verneinend den Kopf.

»Herr Ritter, das ist nicht höfische Sitte«, sagte da Manfred. »Aber ich will Euch nicht widersprechen, und Ihr sollt nicht Grund haben, über den Fürsten von Otranto Klage zu führen. Ich sinne nicht auf Verrat, und das hoffe ich auch von Euch. Hier mein Unterpfand (er reichte ihm seinen Ring). Ihr und Eure Gefährten sollen die Gesetze der Gastfreundschaft genießen. Ruht Euch hier aus, bis man Erfrischungen bringt. Ich will nur Anweisungen geben, Euren Troß zu beherbergen und kehre sogleich wieder.«

Die drei Ritter verneigten sich, sein Angebot annehmend. Manfred ließ nun das Gefolge des Unbekannten zu einer benachbarten Herberge bringen, die von Fürstin Hippolita für Pilger gegründet worden war. Während das Gefolge den Hof umrundete, um sich wieder dem Tor zuzuwenden, fiel das Riesenschwert von seinen Stützen und fiel dem Helm gegenüber zu Boden, wo es unbeweglich liegen blieb.

Manfred, der überirdischen Ereignissen gegenüber nun

schon Gleichmut an den Tag legte, überwand auch diese neuerliche Prüfung. Als er wieder den Saal betrat, war das Festmahl aufgetischt, und er lud seine schweigsamen Gäste ein, ihre Plätze einzunehmen.

Mochte Manfred auch noch so schwer ums Herz sein, er trachtete seine Gäste aufzuheitern. Er stellte ihnen Fragen, doch wurde ihm allein durch Zeichen geantwortet. Die Ritter hoben die Visiere nur so weit, daß sie essen konnten, und auch das taten sie sehr mäßig.

»Ihr Herren«, sagte der Fürst, »Ihr seid die ersten Gäste hier in diesen Mauern, die es verschmähten, mit mir ein Wort zu wechseln. Auch ist es wohl nicht Sitte, daß Fürsten Stand und Würde gegenüber Unbekannten und zudem Stummen aufs Spiel setzen. Ihr sagt, Ihr kämet im Namen Friedrichs von Vicenza. Ich hörte, er wäre ein kühner Ritter, der sich feiner Sitten befleißigte. Ich wage zu behaupten, daß es nicht unter seiner Würde gewesen wäre, mit einem Fürsten zu sprechen, der ihm ebenbürtig ist und dessen Taten nicht unbekannt sind. Und doch schweigt Ihr ... nun, wie dem auch sei ... die Gesetze der Gastfreundschaft und Ritterlichkeit machen Euch zu Herren unter diesem Dach. Tut, wie Euch beliebt ... kommt, reicht mir einen Becher Wein. Ihr werdet mir nicht verweigern, auf das Wohl Eurer holden Frauen trinken zu dürfen.«

Der bedeutendste Ritter stieß einen Seufzer aus und schlug ein Kreuz. Er erhob sich von der Tafel.

»Herr, was ich sagte, sollte der Belustigung dienen. Aber ich will Euch zu nichts zwingen. Tut, wie Euch beliebt. Da Ihr nicht froher Stimmung seid, laßt uns denn betrübt sein. Mag sein, daß Euch der Sinn mehr nach Geschäften steht. Ziehen wir uns zurück, damit Ihr hören könnt, ob das, was ich anzubieten habe, eher Euren Gefallen weckt, als die vergeblichen Versuche, Euch aufzuheitern.«

Manfred führte die drei Ritter in ein inneres Gemach, schloß die Tür, bot ihnen Platz an und sagte sodann, indem er sich an die Hauptperson wandte:

»Herr Ritter, Ihr kommt im Namen des Markgrafen von Vicenza, um die edle Isabella, seine Tochter, zurückzufordern, die im Angesicht der heiligen Kirche und mit Zustimmung ihrer gesetzlichen Vormünder meinem Sohn anverlobt wurde. Weiters fordert Ihr, daß ich meine Länder Eurem Herrn übergebe, der von sich behauptet, er wäre im Blut der nächste zu Fürst Alfonso, dessen Seele in Gott ruhen möge! Als erstes will ich zu letzterer Forderung meine Meinung sagen: Ihr müßt wissen, daß das Fürstentum von Otranto von meinem Vater Don Manuel auf mich überging, so wie es auf ihn von seinem Vater, Don Ricardo, überging. Alfonso, ihr Vorgänger, hatte kinderlos im heiligen Land sein Leben gelassen. Er hatte seine Besitztümer meinem Großvater Don Ricardo hinterlassen, zum Dank für seine treuen Dienste.«

Der Fremdling schüttelte dazu den Kopf.

»Ricardo war ein kühner und aufrechter Mann«, fuhr Manfred fort. »Er war daneben sehr gottesfürchtig. Ihr seht die Kirche und die beiden Klöster, die er hier gründete. Sein besonderer Schutzpatron war der heilige Nikolaus. Mein Großvater war nicht fähig ... ich sage Euch. Don Ricardo war unfähig ... verzeiht, Eure Unterbrechung hat mich verwirrt. Ich halte das Gedächtnis meines Großvaters hoch ... Nun, meine Herren, er hielt seinen Besitz, er hielt ihn kraft seines guten Schwertes und dank der Gunst des heiligen Nikolaus. Ebenso mein Vater. Und ich gedenke es auch so zu halten, komme, was da wolle. Aber Friedrich, Euer Herr, ist der ihm am nächsten Anverwandte. Ich bin gewillt, meinen Titel dem Urteil des Schwertes zu überlassen. Heißt das nun, das ich meinen Titel zu Unrecht trage? Ich hätte ebenso gut fragen können, wo ist denn Friedrich, Euer Herr? Es heißt, daß er in Gefangenschaft ums Leben gekommen sein soll. Ihr sagt und Euer Tun sagt, daß er am Leben ist. Ich will es nicht in Zweifel ziehen, obgleich ich es sehr wohl könnte. Andere Fürsten würden Friedrich sein Erbe mit Gewalt holen lassen. Sie würden ihre Würde nicht in einem einzigen Zweikampf aufs Spiel setzen. Sie würden es nicht der Entscheidung fremder und stummer Ritter unterwerfen.

Vergebt, Ihr Herren, ich habe mich in Hitze geredet. Aber versetzt Euch in meine Lage. Würde es nicht Euren Zorn als wackere Ritter erregen, wenn jemand Eure und die Ehre Eurer Ahnen in Zweifel zöge?

Aber nun zur Sache. Ihr verlangt, daß ich die edle Isabella herausgebe. Ihr Herren, ich muß Euch fragen, ob Ihr berechtigt seid, sie in Empfang zu nehmen?« (Der Ritter nickte.) »Sie in Empfang zu nehmen«, wiederholte Manfred. »Nun, Ihr seid berechtigt ... aber, edler Ritter, darf ich fragen, ob Ihr uneingeschränkte Vollmacht habt?« (Der Ritter nickte). »Nun denn«, sagte Manfred, »dann hört, was ich Euch anbiete.

Ihr Herren, vor Euch seht Ihr den unseligsten aller Menschen!« (Er brach in Tränen aus.) »Gönnt mir Euer Mitgefühl. Ich verdiene es wahrlich. Wißt denn, daß ich meine einzige Hoffnung verlor, meine Freude, die Stütze meines Hauses. Conrad starb am gestrigen Morgen.« (Die

Ritter ließen Anzeichen des Erstaunens erkennen.) »Ja, das Schicksal hat mir meinen Sohn genommen. Isabella ist frei.«

»Dann gebt Sie heraus!« rief der oberste Ritter, das Schweigen brechend.

»Faßt Euch in Geduld«, sagte Manfred. »Es freut mich, und ich nehme es als Zeichen Eures guten Willens, daß dies ohne Blutvergießen geregelt werden soll. Was ich weiter zu sagen habe, wird nicht von Selbstsucht diktiert. Ihr seht in mir einen Mann, der sich von der Welt abwendet. Der Verlust meines Sohnes hat mich irdischer Sorgen entrückt. Macht und Größe sind für mich nicht mehr erstrebenswert. Ich wollte das von meinen Ahnen übernommene Zepter ehrenvoll meinem Sohn übergeben. Das ist nun vorbei. Das Leben ist für mich so bedeutungslos, daß ich Eure Herausforderung mit Freuden annahm. Die größte Genugtuung, die einem kühnen Ritter ins Grab folgt, ist die, im Dienste seiner Berufung gefallen zu sein. Ich unterwerfe mich dem Willen des Himmels, denn, weh mir, ich bin ein Mensch, den viele Kümmernisse drücken. Manfred ist nicht zu beneiden ... aber gewiß kennt Ihr meine Geschichte.« (Der Ritter machte Zeichen, die seine Unkenntnis verrieten und schien begierig, daß Manfred fortführe.) »Ist es denn möglich«, fuhr der Fürst fort, »daß meine Geschichte Euch noch nicht zu Gehör kam? Habt Ihr nichts über mich und die Fürstin Hippolita gehört?« (Kopfschütteln der Ritter.) »Nein? Dann hört: Man hält mich für ehrgeizig. Doch Ehrgeiz ist aus gröberem Stoff gemacht. Wäre ich ehrgeizig, dann wäre ich nicht schon jahrelang das Opfer von Gewissensbissen. Aber ich beanspruche Eure Geduld zu lange. Ich will mich nun kurz fassen. Wisset, daß ich mir schon lange Gedanken über meine Verbindung mit Fürstin Hippolita mache. — Ihr Herren, Ihr kennt diese treffliche Frau nicht! Wenn Ihr wüßtet, daß ich sie als Geliebte anbete und als Freundin verehre ... doch keinem Menschen wird vollkommenes Glück zuteil! Sie teilt meine Skrupel, und mit ihrer Einwilligung habe ich die Sache der Kirche zu Gehör gebracht, denn wir sind in verbotenem Grad verwandt. Stündlich erwarte ich das Urteil, das uns für ewig trennen wird. Gewiß fühlt Ihr mit mir ... ich sehe es Euch an ... verzeiht meine Tränen!«

Die Ritter sahen einander an, verwundert, wohin dies alles führen würde.

Manfred fuhr fort: »Als nun mein Sohn starb, während meine Seele unter dieser Last litt, dachte ich an nichts anderes, als von meinen Besitztümern zu lassen und mich von menschlicher Gesellschaft abzusondern. Meine einzige Sorge war es, einen Nachfolger zu bestimmen, der sich meines Volkes liebevoll annahm, und die edle Isabella zu entlassen, die meinem Herzen nahesteht wie mein eigen Fleisch und Blut. Ich war willens, die Linie Alfonsos wieder einzusetzen, und sei es in Gestalt eines entfernten Verwandten, obwohl ich gewiß bin, daß es sein Wille war, daß Ricardos Geschlecht die Stelle seines eigenen einnehmen sollte. Doch wie hätte ich nach seinen Anverwandten suchen sollen? Ich wußte allein von Friedrich, Eurem Herrn. Und er war Gefangener der Ungläubigen oder gar tot. Und wäre er am Leben und in der Heimat gewesen, hätte er das blühende Vicenza für das unbedeutende Fürstentum Otranto hingegeben? Und wenn nicht, hätte ich den Anblick eines harten, gefühllosen Statthalters ertragen, den man über mein armes, treues Volk gesetzt? Denn ich liebe meine Untertanen und danke dem

Himmel, daß sie mich lieben. Nun werdet Ihr fragen, wohin meine Rede führen soll? Ich will mich nun kurz fassen: Mit Eurem Kommen scheint mir der Himmel ein Mittel gegen diese Widrigkeiten und Mißgeschicke gesandt zu haben. Isabella ist frei. Ich werde es bald sein. Ich würde zum Wohle meines Vaters alles tun. Wäre es nicht das Beste, der einzige Weg, die Fehde zwischen unseren Geschlechtern zu begraben, wenn ich Isabella zur Gemahlin nähme? Ihr scheint erstaunt. Doch darf ein Fürst nicht an sein Wohl denken, wenngleich mir Hippolitas Tugenden stets teuer sein werden. Ein Herrscher lebt für sein Volk.«

Ein Diener, der in diesem Augenblick eintrat, meldete, daß Jerome und einige seiner Ordensbrüder Manfred dringend zu sprechen wünschten.

Der Prinz, den diese Unterbrechung in Wut versetzte, fürchtete nun, der Mönch würde den Fremden verraten, daß Isabella Zuflucht gesucht hatte. Er wollte zunächst Jerome nicht vorlassen. Dann aber fiel ihm ein, daß dieser gewiß gekommen war, um die Wiederkehr der Prinzessin zu melden. Manfred wollte sich also bei den Rittern entschuldigen, weil er sie allein lassen mußte, wurde jedoch durch das Eintreten der Mönche daran gehindert.

Manfred wies sie barsch zurecht und hätte sie hinausgewiesen, doch war Jerome zu bewegt, um sich abweisen zu lassen. Laut tat er kund, daß Isabella geflohen wäre und daß er keine Schuld daran trage. Manfred, den diese Nachricht verwirrte und nicht zuletzt der Umstand, daß sie zu Kenntnis der fremden Ritter gelangte, stieß nun wirre Sätze hervor, in denen er erst den Mönch anklagte, sich dann bei den Rittern entschuldigte, begierig zu wissen, was aus Isabella geworden war, gleichzeitig aber voller Angst, weil sie es auch erfahren würden, ungeduldig, ihre Verfolgung aufzunehmen, jedoch dabei die Teilnahme der Ritter fürchtend. Er bot an, Boten auf der Suche nach ihr auszuschicken, doch der bedeutendste Ritter, der nun sein Schweigen brach, rügte Manfred mit bösen Worten seiner dunklen und zweideutigen Machenschaften wegen und verlangte den Grund für Isabellas Verschwinden aus dem Schloß zu erfahren.

Manfred warf einen strengen, Schweigen gebietenden Blick zu Jerome hin und gab vor, er hätte Isabella nach Conrads Tod in Sicherheit gebracht, bis er entschieden hätte, was mit ihr geschehen sollte.

Jerome, der um das Leben seines Sohnes bangte, wagte nicht, dieser Falschheit zu widersprechen. Einer seiner Ordensbrüder aber, den diese Angst nicht hinderte, erklärte frank und frei, daß Isabella sich am Abend zuvor in die Kirche geflüchtet hätte.

Der Fürst versuchte vergeblich, diese Enthüllung aufzuhalten, die ihn mit Scham und Verwirrung erfüllte. Der bedeutendste der Fremdlinge, den die gehörten Widersprüche erstaunten und der nun schon fast überzeugt war, daß Manfred die Prinzessin verheimliche, ungeachtet der Besorgnis, die er über ihre Flucht geäußert, sagte zum Fürsten:

»Verräterischer Fürst! Isabella muß gefunden werden!«

Manfred wollte ihn zurückhalten. Doch der Ritter riß sich mit Hilfe der anderen von Manfred los, lief hinaus auf den Hof und rief nach seinem Gefolge. Manfred, der ihn von der Suche nach Isabella nicht abbringen konnte, bot an, ihn zu begleiten. Er rief nach seinen Leuten, nahm Jerome und einige Ordensbrüder als Führer mit, und fort ging es im Galopp. Im geheimen gab Manfred Befehl, sich des Gefolges des Ritters zu versichern, während er dem

Ritter gegenüber vorgab, er schicke einen Boten aus, der dessen Troß zu Hilfe holen sollte.

Kaum hatten sie das Schloß hinter sich gelassen, als Matilda von einer Dienerin erfuhr, daß Manfred seine Männer in alle Richtungen auf die Suche nach Isabella ausgeschickt hatte. Seit Matilda hatte mitansehen müssen, wie der junge Bauernbursche zum Tode verurteilt worden war, hegte sie wärmstes Interesse für ihn und sann darüber nach, wie sie ihn am sichersten retten konnte. Manfred hatte natürlich nicht beabsichtigt, daß der Wachposten, der vor Theodors Tür stand, sich an der Suche beteiligte, doch war es durch ein Versehen dazu gekommen. Und auch die Domestiken, die ihrem Herrn zu Gefallen sein wollten und daneben ihre Neugierde auf der bevorstehenden Suche befriedigen wollten, hatten samt und sonders die Burg verlassen.

Matilda ließ ihre Damen allein, stahl sich zum schwarzen Turm hinauf, schob den Riegel der Tür zurück und zeigte sich dem verwunderten Theodor.

»Junger Mann«, sagte sie. »Tochterpflicht und weibliche Demut verurteilen den Schritt, den ich jetzt tue, doch die Barmherzigkeit, die alle anderen Bande außer Kraft setzt, rechtfertigt mein Vorgehen. Flieht auf der Stelle. Die Tore Eures Kerkers stehen offen. Mein Vater und seine Männer sind fort. Sie können jedoch bald wiederkommen. Bringt Euch in Sicherheit. Die himmlischen Engel mögen Eure Schritte lenken!«

»Ihr selbst müßt ein Engel sein!« rief Theodor hingerissen aus. »Nur Heilige könnte Euch gleichen, an Worten, an Taten und an äußerer Schönheit! Darf ich den Namen meiner göttlichen Beschützerin nicht erfahren? Mich dünkte, Ihr nanntet Euren Vater. Ist es denn möglich?

Kann Manfreds Fleisch und Blut frommes Mitleid fühlen? Holde Dame, Ihr gebt keine Antwort. Aber wie kommt es, daß Ihr hier seid? Warum denkt Ihr nicht an die eigene Sicherheit und verwendet auch nur einen Gedanken an einen armen Elenden wie Theodor? Laßt uns gemeinsam fliehen. Das Leben, das Ihr rettet, soll fortan Eurem Schutz gewidmet sein.«

»Ihr seid in einem Irrtum befangen«, sagte Matilda seufzend. »Ich bin Manfreds Tochter, doch droht mir keine Gefahr.«

»Das wundert mich«, meinte Theodor. »Erst gestern durfte ich Euch den Dienst erweisen, den Euer edles Mitgefühl mir jetzt so wohltuend erwidert.«

»Wieder irrt Ihr Euch«, erklärte die Prinzessin. »Doch ist für Erklärungen keine Zeit. Flieht, kühner Jüngling, solange es noch in meiner Macht steht, Euch zu retten. Sollte mein Vater wiederkehren, dann haben wir beide Grund zu zittern.«

»Wie denn? Glaubt Ihr, holde Maid, ich würde mein Leben retten und das Eure aufs Spiel setzen? Lieber würde ich tausend Tode erdulden ...«

»Mir droht keine Gefahr, außer durch Euer Zögern. Geht jetzt. Niemand weiß, daß ich Euch zur Flucht verhalf.«

»Schwört bei allen Heiligen, daß niemand Euch verdächtigen wird. Ansonsten werde ich warten, was immer mir auch zustoßen mag.«

»Ach, Ihr seid zu großherzig. Seid versichert, daß auf mich kein Argwohn fallen wird.«

»Gebt mir Eure schöne Hand als Zeichen, daß Ihr die Wahrheit sprecht. Ich will sie mit warmen Tränen der Dankbarkeit benetzen.«

»Haltet ein, das darf nicht sein!«

»Bis zu dieser Stunde ist mir nur Unglück widerfahren, und ich werde vielleicht in Hinkunft kein anderes Los erleiden. Duldet den keuschen Raub, den heilige Dankbarkeit Euch aufzwingt. Meine Seele will Euch Ihre Ergüsse auf die Hand drücken.«

»Haltet ein und geht«, mahnte Matilda. »Was würde Isabella sagen, wenn sie Euch zu meinen Füßen sähe?«

»Wer ist Isabella?« fragte der junge Mann erstaunt.

»Weh mir, ich fürchte, ich war einem Betrüger zu Diensten! Habt Ihr Eure Neugierde von heute morgen vergessen?«

»Deine Schönheit, deine guten Taten, dein Wesen sind göttlicher Herkunft«, sagte Theodor, »doch deine Worte sind ein dunkles Geheimnis. Sprecht, edle Frau, sprecht, so daß es Euer Diener erfassen kann.«

»Ihr versteht nur zu gut. Aber noch einmal befehle ich Euch zu gehen. Dein Blut, das ich retten will, kommt über mein Haupt, wenn ich die Zeit mit müßigem Geschwätz vertue.«

»Ich gehe, weil es Euer Wille ist und weil ich nicht will, daß mein greiser Vater sich zu Tode grämt. Aber sagt mir, Anbetungswürdige, daß ich Euer Mitleid habe.«

»Wartet, ich will Euch zu dem unterirdischen Gewölbe führen, durch das Isabella entkommen konnte. Ihr gelangt von dort in die Nikolauskirche, wo Ihr Zuflucht finden werdet.«

»Wie ... wart nicht Ihr es, der ich half, den unterirdischen Gang zu finden?«

»Nein, aber fragt nicht weiter. Ich zittere, solange Ihr nicht Zuflucht gefunden habt.«

»Nein, Prinzessin, klösterlichen Schutz suchen hilflose

Jungfrauen oder Verbrecher. Theodor weiß seine Seele schuldlos. Gebt mir ein Schwert, edle Frau, und Euer Vater soll sehen, daß Theodor eine verstohlene Flucht verachtet.«

»Tollkühner Jüngling! Ihr werdet nicht wagen, den Arm anmaßend gegen den Fürsten von Otranto zu erheben?«

»Nein, gegen Euren Vater nicht. Verzeiht, ich hatte es vergessen. Aber wie könnte ich bei Eurem Anblick daran denken, daß Ihr ein Sproß des Tyrannen Manfred seid? Dennoch ist er Euer Vater, und von Stund an sollen alle Kränkungen der Vergessenheit anheimfallen.«

Ein tiefes, tonloses Stöhnen, das von oben zu kommen schien, erschreckte die Prinzessin und Theodor.

»Allmächtiger! Wir werden belauscht!« flüsterte die Prinzessin. Sie horchten. Als sie nichts weiter hörten, glaubten sie, es wäre ein Luftzug gewesen. Die Prinzessin, die Theodor vorausging, brachte ihn zur Waffenkammer ihres Vaters, wo sie ihm eine Rüstung gab. Dann wurde er von Matilda zur Hinterpforte geführt.

»Meidet die Stadt«, sagte die Prinzessin, »und die Westseite des Schlosses. Dort suchen der Fürst und die Fremden nach Isabella. Haltet Euch an die andere Seite. Jenseits des Waldes im Osten findet ihr Felsenhöhlen, die bis ans Meeresufer führen. Dort verbergt Euch, bis Ihr einem Schiff Zeichen geben könnt, daß es Euch holt. Geht jetzt. Der Himmel geleite Euch. Gedenkt in Euren Gebeten ... Matildas!«

Theodor warf sich ihr zu Füßen und erfaßte ihre Lilienhand, die zu küssen sie ihm verwehren wollte. Er gelobte, er würde zum Ritter geschlagen werden und erbat sich die Erlaubnis, ihr ewig zu Diensten zu sein.

88

Noch ehe die Prinzessin antworten konnte, ertönte ein Donnerschlag, der die Mauern erbeben ließ. Theodor wollte ungeachtet des Unwetters seine Sache weiterverfolgen, doch die verängstigte Prinzessin zog sich schleunigst in die Burg zurück und befahl ihm so dringend zu gehen, daß er nicht zu widersprechen wagte.

Seufzend gehorchte er, ohne den Blick vom Tor zu wenden, bis Matilda es schloß und der Begegnung ein Ende machte, bei der die Herzen der beiden so tief von einer Leidenschaft gekostet hatten, die sie zum ersten Mal verspürten.

In Gedanken versunken, begab Theodor sich zum Kloster, um seinem Vater die Kunde von seiner Befreiung zu überbringen. Dort erfuhr er, daß Jerome nicht da war und daß nach Isabella gesucht wurde, aus deren Geschichte er nun erst einiges hörte. Seine angeborene Großherzigkeit und Kühnheit drängte ihn, ihr zu Hilfe zu eilen. Doch die Mönche konnten ihm nicht sagen, wohin sie sich gewandt hatte. Die Versuchung, sich auf die Suche nach ihr zu machen, war nicht sehr groß, da sich Matildas Bild tief in sein Herz eingegraben hatte. Er hätte es nicht ertragen, sich zu weit von ihr zu entfernen. Und die Liebe, die Jerome ihm gezeigt hatte, tat das Ihrige, ihn zögern zu lassen. Er redete sich sogar ein, seine Sohnesliebe wäre der Grund dafür, daß er sich noch immer zwischen Kloster und Burg aufhielt. Bis zur Wiederkehr Jeromes am Abend wollte Theodor sich jedoch in den Wald zurückziehen, den Matilda ihm beschrieben hatte. Dort angekommen, suchte er die dunkelsten Stellen, da sie am besten zu der angenehmen Melancholie paßten, die sein Gemüt beherrschte. In dieser Stimmung strebte er ohne es zu merken den Höhlen zu, die ehedem Einsiedlern als

Bleibe gedient hatten. Es ging in der Gegend das Gerücht um, daß dort böse Geister hausten.

Theodor entsann sich, davon gehört zu haben. Da er von Natur aus kühn und abenteuerlustig war, gab er willig seiner Neugierde nach und machte sich daran, die geheimen Gänge dieses Labyrinths zu erkunden. Er war noch nicht weit gekommen, als er vor sich die Schritte einer Person zu hören vermeinte, die vor ihm zu fliehen schien.

Obschon gefestigt in allen Glaubensfragen, glaubte Theodor nicht, daß ein guter Mensch grundlos den Mächten der Dunkelheit ausgeliefert wurde. Viel wahrscheinlicher war es, daß hier statt Schergen der Hölle Räuber hausten, die Reisende belästigten und erschreckten. Schon seit langem brannte er darauf, seine Tapferkeit zu beweisen. Mit gezogenem Schwert drang er daher immer weiter vor und lenkte dabei seine Schritte nach dem undeutlichen Geraschel, das ihm vorauslief. Die Rüstung, die er trug, war für die Person, die ihm zu entkommen suchte, ein ähnlicher Hinweis.

Theodor, der nun überzeugt war, daß er sich nicht irrte, beschleunigte seinen Schritt und verringerte den Abstand zum Flüchtenden. Schließlich holte Theodor eine Frau ein, die atemlos vor ihm niederfiel. Er beeilte sich, sie aufzurichten, doch war ihre Angst so groß, daß zu befürchten stand, sie würde in seinen Armen die Besinnung verlieren.

Mit sanften Worten versuchte er sie zu trösten und versicherte ihr, daß er ihr nichts tun wolle, ja, daß er sie im Gegenteil mit seinem Leben beschützen wolle. Die Dame gewann dank seines höflichen Betragens die Fassung wieder. Den Blick zu ihrem Beschützer erhoben, sagte sie:

»Gewiß habe ich diese Stimme schon gehört?«

»Meines Wissens nicht, es sei denn, Ihr seid die edle Isabella.«

»Der Himmel sei mir gnädig! Ihr seid doch nicht nach mir ausgeschickt worden?!«

Mit diesen Worten warf sie sich ihm zu Füßen und beschwor ihn, sie nicht Manfred auszuliefern.

»Manfred?!« rief Theodor. »Nein, edle Frau, ich habe Euch einmal vor diesem Tyrannen bewahrt, und ich werde es jetzt wieder tun, auch wenn es mich schwer ankommt.«

»Seid Ihr der großherzige Fremdling, dem ich gestern im Gewölbe begegnete? Gewiß seid Ihr kein Sterblicher, sondern mein Schutzengel. Laßt mich Euch auf Knien danken.«

»Haltet ein, holde Prinzessin, und erniedrigt Euch nicht vor einem armen und verlassenen jungen Mann. Wenn der Himmel mich zu Eurem Beschützer bestimmt hat, so wird er das Werk auch vollenden und meinem Arm Kraft verleihen. Kommt jetzt, wir sind dem Höhleneingang zu nahe. Wir wollen in die innersten Bereiche. Ich werde nicht eher Ruhe finden, bis ich Euch außer Gefahr gebracht habe.«

»Was soll das?« sagte sie. »Sind Eure Taten auch edel und Eure Worte die einer reinen Seele, so ist es unpassend, daß ich Euch allein in die tückischen Tiefen folge. Was wird die sittenstrenge Welt denken, wenn man uns zusammen findet?«

»Ich achte Eure Tugend und Sittsamkeit, und ich weiß, daß Ihr keinen Argwohn hegt, der gegen meine Ehre gerichtet ist. Ich wollte Euch ins Innerste dieser Höhlen führen, um sodann den Eingang zu verteidigen, und wenn es mich mein Leben kostet. Und überdies, edle Dame«, er seufzte tief, »so schön und vollkommen Ihr seid und obwohl ich nicht frei von Begierden bin, sollt Ihr wissen, daß mein Herz einer anderen gehört. Und ...«

Ein plötzliches Geräusch hinderte Theodor am Weitersprechen. Bald konnten sie laute Rufe unterscheiden.

»Isabella! Holla! Isabella!«

Die zitternde Prinzessin verfiel in einen Angstzustand, der jenem von vorhin ähnelte. Theodor versuche ihr Mut zu machen, vergebens. Lieber würde er sein Leben hingeben, als sie Manfreds Gewalt auszuliefern, versicherte er ihr. Er bat sie, sich verborgen zu halten und ging der Person, die Isabella suchte, entgegen.

Am Eingang der Höhle traf er auf einen Ritter in voller Rüstung, in einem Gespräch mit einem Bauern begriffen, der ihm versicherte, er hätte eine Dame gesehen. Der Ritter wollte sich auf die Suche machen, als sich ihm Theodor in den Weg stellte. Mit gezogenem Schwert verbot er ihm weiterzugehen.

»Wer wagt es, sich mir in den Weg zu stellen?« fragte der Ritter erbost.

»Einer der nicht mehr wagt, als er leisten kann.«

»Ich suche die edle Isabella und hörte, sie hätte in diesen Felsen Zuflucht gefunden. Hindere mich nicht, oder es wird dir leid tun.«

»Dein Ziel ist schändlich wie dein Groll verächtlich ist«, antwortete Theodor darauf.

»Kehre zurück, woher du gekommen, oder man wird sehen, wessen Groll schrecklicher ist.«

Der Fremde, der der oberste Ritter war, den der Markgraf von Vicenza ausgeschickt hatte, war von Manfred fortgesprengt, während dieser etwas über die Prinzessin

in Erfahrung zu bringen trachtete und zahlreiche Befehle gab, um zu verhindern, daß sie drei Rittern in die Hände fiel. Ihr Anführer hegte den Argwohn, Manfred wüßte, wohin Isabella sich geflüchtet hatte. Diese Schmähung von einem Mann, der, wie er vermutete, vom Fürsten beauftragt war, sie zu bewachen, bestätigte seine Vermutung. Er gab keine Antwort, sondern griff Theodor mit einem Schwerthieb an, den dieser mit seinem Schild auffing, da er darauf gefaßt war. Der Kampfesmut, der so lange in seiner Brust geschwelt hatte, brach sich Bahn. Er stürzte auf den Ritter zu, dessen Stolz und Zorn nicht weniger heftig entbrannten und ihn zu kühnen Taten anstachelten. Der Kampf war heftig und kurz. Theodor fügte dem Ritter drei Verletzungen zu und entwaffnete ihn, als er durch den Blutverlust das Bewußtsein verlor.

Der Bauer, der sich bei den ersten Anzeichen des Kampfes davongemacht hatte, war zu Manfreds Leuten gelaufen, die sich auf der Suche nach Isabella im Wald zerstreut hatten. Sie kamen nun, als der Ritter zu Boden sank und erkannten in ihm den edlen Fremdling.

Theodor war trotz seines Hasses gegen Manfred nicht imstande, sich am errungenen Sieg ohne Regungen von Mitlied und Großmut zu erfreuen. Noch bewegter aber war er, als er erfuhr, wer sein Widersacher gewesen war, nämlich, daß es kein Vasall Manfreds, sondern dessen Gegner gewesen war. Er half mit, den Ritter zu entwaffnen und versuchte, das Blut zu stillen, das aus seinen Wunden floß.

Als der Ritter wieder sprechen konnte, sagte er mit leiser und stockender Stimme: »Edler Widersacher, wir beide befanden uns im Irrtum. Ich hielt Euch für ein Werkzeug des Tyrannen, und Ihr wart in demselben Irrtum befangen. Für Entschuldigungen ist es zu spät. Ich werde ohnmächtig. Wenn Isabella da ist, dann ruft sie herbei. Ich muß ihr wichtige Geheimnisse ... «

»Er stirbt«, sagte einer der Umstehenden. »Hat niemand ein Kruzifix bei sich? Andrea bete du für ihn!«

»Holt Wasser«, sagte Theodor, »und gießt es ihm in die Kehle, während ich zur Prinzessin laufe.«

Damit machte er sich auf zu Isabella und berichtete ihr mit wenigen Worten in demütiger Haltung, daß er leider irrtümlich einen Herrn vom Hofe ihres Vaters verletzt hätte, der ihr etwas Wichtiges sagen mußte, ehe er den Geist aufgab. Die Prinzessin, die voller Freude Theodors Stimme vernommen hatte, der ihr zurief, sie solle herauskommen, war über das Gehörte sehr erstaunt. Von Theodor geleitet, dessen neuerlicher Beweis seiner Tapferkeit ihre Lebensgeister hob, gelangte sie zu der Stelle, wo der blutende Ritter stumm auf dem Boden lag. Doch ihre Angst kehrte wieder, als sie Manfreds Domestiken sah. Isabella hätte sich wieder zur Flucht gewandt, hätte Theodor sie nicht darauf hingewiesen, daß sie unbewaffnet waren. Und er drohte, sie auf der Stelle zu töten, falls sie Anstalten machten, die Prinzessin in ihre Gewalt zu bringen.

Der Fremde, der die Augen aufschlug und ein weibliches Wesen sah, sagte: »Seid Ihr ... sprecht die Wahrheit ... seid Ihr Isabella von Vicenza?«

»Ich bin es. Der Himmel möge Euch Genesung schenken!«

»Dann ... dann ...« Der Ritter rang um Worte, »dann siehst du vor dir deinen Vater! Gib mir einen ... Ach!«

»Oh, welch freudiger Schrecken! Was höre ich und was sehe ich?« rief Isabella aus. »Mein Vater! Ihr mein Vater!

Wie kommt Ihr hierher, Herr? Sprecht, um Himmels willen! Lauft um Hilfe, oder er stirbt!«

»Es ist die Wahrheit«, sagte der verwundete Ritter unter Aufbietung aller Kraft. »Ich bin Friedrich, dein Vater. Ich bin gekommen, dich zu befreien ... es soll nicht sein ... Gib mir einen Abschiedskuß und nimm ...«

»Herr«, sagte da Theodor, »spart Eure Kräfte. Laßt zu, daß wir Euch in die Burg schaffen.«

»Die Burg?« sagte Isabella. »Gibt es keine nähere Hilfe? Wollt Ihr meinen Vater dem Tyrannen aussetzen? Wenn er dorthin geht, wage ich nicht, ihn zu begleiten. Und dennoch ... könnte ich ihn verlassen?«

»Mein Kind«, flüsterte Friedrich, »mich kümmert nicht, wohin man mich bringt. Nur wenige Minuten, und ich bin außer Gefahr. Aber solange ich dich mit meinem Blick noch liebevoll umfassen kann, verlasse mich nicht, liebste Isabella! Dieser wackere Ritter ... ich kenne seinen Namen nicht ... wird deine Unschuld beschützen. Herr, Ihr werdet mein Kind nicht im Stich lassen.«

Theodor, der heiße Tränen über sein Opfer vergoß und gelobte, die Prinzessin unter Einsatz seines Lebens zu beschützen, überredete Friedrich schließlich, sich in die Burg schaffen zu lassen.

Er wurde auf das Pferd eines der Domestiken gelegt, nachdem seine Wunden notdürftig verbunden worden waren. Theodor ging an seiner Seite. Und die betrübte Isabella, die ihn nicht im Stich lassen wollte, folgte hinterdrein.

4

Der kleine Trauerzug wurde vor der Burg von Hippolita und Matilda empfangen, denen Isabella einen Bedienten geschickt hatte, der ihr Kommen melden sollte. Die Damen ließen Friedrich in ein Gemach betten und zogen sich zurück, während ein Arzt die Wunden untersuchte.

Matilda errötete, als sie Theodor und Isabella zusammen erblickte. Sie verbarg ihr Erröten, indem sie Isabella umarmte und ihr Beileid wegen des Unglücks aussprach, das ihren Vater betroffen hatte.

Bald kamen die Ärzte und meldeten Hippolita, daß die Wunden des Markgrafen nicht gefährlich seien und daß er seine Tochter und die beiden anderen Damen zu sehen wünschte.

Theodor konnte dem Impuls, Matilda zu folgen, nicht widerstehen, wobei er vorgab, er wolle seiner Freude Ausdruck geben, daß sein Zweikampf mit Friedrich nicht tödlich geendet hatte. Matilda schlug die Augen nieder, wenn sie seinem Blick begegnete, daß Isabella, die Theodor ebenso aufmerksam ansah, wie er Matilda, bald ahnte, wem die Gefühle galten, von denen er ihr in der Höhle erzählt hatte. Während dieser wortlosen Szene fragte Hippolita den Verwundeten, warum er diesen rätselhaften Weg gewählt hatte, um seine Tochter wiederzubekommen. Und sie erging sich in Entschuldigungen, weil ihr Gemahl Isabella mit seinem Sohn verlobt hatte.

Friedrich, dessen Zorn gegen Manfred noch immer tobte, war gegen Hippolitas freundliches Wesen und ihre

Güte nicht unempfindlich. Noch mehr aber zeigte er sich von Matildas Lieblichkeit beeindruckt. Da er die beiden nicht von seiner Seite lassen wollte, erzählte er Hippolita seine Geschichte.

Er berichtete, er hätte als Gefangener der Ungläubigen geträumt, daß seine Tochter, von der er seit seiner Gefangennahme nichts gehört hatte, auf einer Burg festgehalten wurde, wo sie in Gefahr schwebte, schreckliches Unglück zu erleiden. Wenn er seine Freiheit gewönne und sich in einen Wald nahe Joppa begäbe, würde er mehr erfahren. Beunruhigt von diesem Traum und nicht imstande, die darin gegebenen Anweisungen zu befolgen, wurden ihm seine Ketten schwerer als je zuvor.

Während er noch darüber nachsann, wie er die Freiheit erlangen könnte, erreichte ihn die gute Nachricht, daß die verbündeten, im heiligen Land kämpfenden Fürsten das geforderte Lösegeld für ihn aufgebracht hatten. Er machte sich unverzüglich auf den Weg zu dem Wald, den er im Traum gesehen hatte. Drei Tage lang waren er und sein Gefolge im Wald umhergezogen, ohne einer Menschenseele zu begegnen. Am Abend des dritten Tages hatten sie die Klause eines alten Einsiedlers entdeckt, der im Todeskampf darniederlag. Nachdem man ihm Stärkungsmittel für sein Herz eingeflößt hatte, brachte man den heiligmäßigen Mann zum Sprechen.

»Meine Söhne«, sagte er, »ich bin Euch für Eure Barmherzigkeit sehr verbunden, doch ist sie vergebens, ich gehe zur ewigen Ruhe. Und ich sterbe mit der Genugtuung, den Willen Gottes zu erfüllen. Als ich mich in diese Einöde zurückzog, nachdem mein Land eine Beute der Ungläubigen geworden war — schon fünfzig Jahre sind vergangen, seitdem ich dies Schreckliche mit ansehen mußte —, erschien mir der heilige Nikolaus und enthüllte mir ein Geheimnis, das ich keinem Sterblichen verraten sollte ... erst auf meinem Totenbett. Dies ist nun die schreckliche Stunde, und Ihr seid ohne Zweifel die erwählten Krieger, denen ich mich anvertrauen muß. Wenn Ihr diesem armseligen Leichnam den letzten Dienst erwiesen habt, dann grabt unter dem siebenten Baum zur Rechten dieser elenden Höhle, und Eure Qualen werden ... O Himmel, nimm meine Seele auf!«

Mit diesen Worten tat der Fromme seinen letzten Atemzug. »Bei Tagesanbruch«, fuhr Friedrich fort, »als wir seine sterbliche Hülle der Erde übergeben hatten, gruben wir nach seinen Anweisungen. Wie aber staunten wir, als wir in einer Tiefe von sechs Fuß ein riesiges Schwert entdeckten ... die Waffe, die draußen auf dem Hof liegt. Auf der Klinge, die zu einem Teil aus der Scheide ragte, standen folgende Zeilen ... Nein, vergebt mir«, setzte der Markgraf zu Hippolita gewandt fort, »wenn ich sie nicht wiederhole. Ich achte Euer Geschlecht und Euren hohen Rang und will Eure Ohren nicht mit Worten beleidigen, die etwas schmähen, das Euch lieb und teuer ist.«

Er schwieg still. Hippolita erbebte. Sie zweifelte nicht daran, daß Friedrich vom Himmel ausersehen war, das Schicksal zu vollenden, das ihrem Hause drohte. Mit einem Blick voll banger Zärtlichkeit zu Matilda hin sagte sie, während ihr eine Träne über die Wange lief:

»Fahrt fort, Herr. Der Himmel tut nichts umsonst. Wir Sterblichen müssen voller Demut hinnehmen, was beschlossen ist. Wir müssen des Himmels Zorn besänftigen und uns seinem Willen beugen. Wiederholt den Spruch, wir hören ihn voller Ergebenheit.«

Friedrich tat es nun leid, daß er so weit gegangen war. Die Würde und die geduldige Festigkeit Hippolitas erfüllte ihn mit Hochachtung, und die zärtliche Zuneigung, die die Fürstin und ihre Tochter füreinander hegten, rührte ihn zu Tränen.

Da er aber fürchtete, eine Weigerung seinerseits würde noch beunruhigender wirken, wiederholte er leise und stockend folgende Zeilen

> Wo man den Helm zu diesem Schwert je findet,
> Unter Gefahr die Tochter dein entschwindet.
> Alfonsos Sproß allein die Maid errettet,
> Zur Ruh' sich dann ein lang Gejagter bettet.

»Was ist an diesen Zeilen, daß die Damen so erschrecken?« fragte Theodor voller Ungeduld. »Warum ängstigt sie ein kleiner Reim, der jeder Grundlage entbehrt?«

»Eure Worte sind ungestüm, junger Mann«, sagte der Markgraf, »und wenn auch das Glück einmal hold war ...«

»Mein Herr«, sagte Isabella, die Theodor seinen Eifer übelnahm, da sie ahnte, daß er von seinen Gefühlen für Matilda herrührte, »laßt Euch durch die Worte eines Bauern nicht aus der Ruhe bringen. Er vergißt die Euch schuldige Achtung. Aber er ist nicht gewohnt ...«

Hippolita, die voller Unbehagen den Zwist mit ansah, wies Theodor seiner Kühnheit wegen in die Schranken, und tat dies aber so, daß er sich in seinem Eifer nicht verletzt fühlte.

Dann wechselte sie das Thema und fragte Friedrich, wo er ihren Gebieter gelassen hätte.

Der Markgraf wollte antworten, als man von draußen Lärm hörte. Manfred, Jerome und ein Teil des Gefolges, die gerüchteweise gehört hatten, was geschehen war, betraten das Gemach. Manfred begab sich eiligst an Friedrichs Lager, um ihm sein Mitgefühl ob des erlittenen Mißgeschicks auszudrücken und mehr über die Umstände des Kampfes zu erfahren. Doch er schrak entsetzt und erstaunt gleichermaßen zusammen und rief:

»Wer bist du, gräßliches Gespenst? Ist meine Stunde gekommen?«

»Liebster, teuerster Eheherr!« rief Hippolita und schloß ihn in die Arme. »Was seht Ihr? Warum ist Euer Blick so starr?«

»Wie, du siehst nichts, Hippolita?« stieß Manfred atemlos hervor. »Ist diese teuflische Erscheinung allein für mich bestimmt, für mich, der nicht ...«

»Um Gottes Barmherzigkeit willen, faßt Euch und beruhigt Euch. Nur wir sind da, Eure Freunde.«

»Wie, das soll nicht Alfonso sein? Seht Ihr ihn nicht? Habe ich den Verstand verloren?«

»Dies ist Theodor«, sagte Hippolita, »der Jüngling, der das Mißgeschick hatte ...«

»Theodor!« sagte Manfred bekümmert, sich über die Stirn streichend. »Theodor oder ein Gespenst hat die Seele Manfreds erschüttert. Aber wie kommt er hierher? Wie kommt es, daß er eine Rüstung hat?«

»Ich glaube, er war auf der Suche nach Isabella«, erklärte Hippolita.

»Nach Isabella?« Manfreds Zorn regte sich wieder.

»Ja, ja, das steht fest.«

»Aber wie ist er aus dem Kerker entkommen, in dem ich ihn festhielt? War es Isabella oder dieser heuchlerische alte Pfaffe, der ihn befreite?«

»Wäre es denn ein Verbrechen, wenn ein Vater sein

Kind befreite?« brachte darauf Theodor vor.

Jerome, der sich sehr verwunderte, als er von seinem Sohn grundlos angeklagt wurde, wußte nicht, was er davon halten sollte. Er konnte sich nicht vorstellen, wie Theodor hatte entkommen können, wie er sich Waffen verschafft hatte und wie er Friedrich begegnet war. Dennoch wollte er keine Fragen stellen, damit sich nicht Manfreds Zorn gegen seinen Sohn wandte. Jeromes Schweigen aber weckte in Manfred die Überzeugung, daß dieser Theodor befreit hätte.

»So also zahlst du meine und Hippolitas Güte heim, du undankbarer Greis? Du gibst dich nicht zufrieden, meine Herzenswünsche zu vereiteln, du gibst deinem Bastard Waffen in die Hand und bringst ihn in mein eigenes Haus, damit er mich beleidige.«

»Mein Herr«, wandte da Theodor ein, »Ihr tut meinem Vater Unrecht. Weder er noch ich hegen einen Gedanken, der Euren Frieden stören könnte. Ist es denn ungebührlich, wenn ich mich Euer Hoheit Wohlwollen ausliefere?« Damit legte er Manfred ehrerbietig sein Schwert zu Füßen. »Seht meine Brust, Herr. Stoßt zu, wenn Ihr argwöhnt, daß auch nur ein treuloser Gedanke darin wohnt. In meinem Herzen gibt es keine Regung, die nicht Euch und die Euren hochachtet.«

Alle waren von der Würde und dem Ernst Theodors beeindruckt. Auch Manfred war bewegt, wenn auch noch immer von der Ähnlichkeit mit Alfonso verwirrt. In seine Bewunderung mischte sich geheime Angst.

»Steh auf«, sagte er. »Ich trachte nicht nach deinem Leben. Berichte deine Geschichte und was du mit diesem alten Verräter zu schaffen hast.«

»Mein Herr!« warf Jerome ein.

»Still, du Betrüger. Er soll selbst reden.«

»Ich brauche keine Hilfe«, fing Theodor an. »Meine Geschichte ist ganz kurz. Mit fünf Jahren wurde ich mit meiner Mutter von Freibeutern von Sizilien nach Algier entführt. Sie starb vor Kummer, noch ehe ein Jahr um war.«

Jerome, in dessen Miene sich zahllose Gefühle spiegelten, brach in Tränen aus.

»Vor ihrem Tod machte sie an meinem Arm, unter dem Gewand verborgen, ein Dokument fest, in dem stand, daß ich der Sohn des Grafen Falconara bin.«

»Es ist die Wahrheit«, sagte Jerome. »Ich bin dein unseliger Vater.«

»Noch einmal gebiete ich dir Schweigen«, sagte Manfred. »Fahr fort.«

»Ich blieb ein Sklave«, berichtete Theodor weiter, »bis vor zwei Jahren das Schiff meines Herrn des Piraten von einem Christenschiff überwältigt wurde. Nachdem ich mich dem Kapitän zu erkennen gegeben hatte, setzte er mich großherzig an der Küste Siziliens aus. Aber ach, anstatt meinen Vater wiederzufinden, erfuhr ich, daß sein an der Küste gelegener Besitz von dem Seeräuber, der mich und meine Mutter in die Gefangenschaft entführt hatte, vernichtet worden war. Daß das Schloß bis auf die Grundmauern abgebrannt war und daß mein Vater nach seiner Wiederkehr verkauft hatte, was geblieben war, und sich im Königreich Neapel in ein Kloster begeben hatte. Wo, das vermochte mir niemand zu sagen. Verzweifelt und verlassen, aller Hoffnung beraubt, den Vater in die Arme schließen zu können, nahm ich die erste Gelegenheit wahr, nach Neapel zu segeln. Von dort aus durchstreifte ich in sechs Tagen diese Provinz, indem ich mich von meiner Hände Arbeit nährte. Bis zum gestrigen

Morgen glaubte ich, der Himmel hätte für mich ein Leben in Gemütsruhe und zufriedener Armut bereit. Dies ist meine Geschichte. Ich bin über alle Maßen gesegnet, weil ich meinen Vater fand. Ich bin über alle Maßen betrübt, weil ich Euer Hoheit Mißfallen erregte.« Damit schloß er.

Beifälliges Murmeln erhob sich unter seinen Zuhörern.

»Das ist nicht alles«, sagte Friedrich. »Meine Ehre gebietet, daß ich ausspreche, was er verschweigt. Ist er voller Bescheidenheit, bin ich um so großzügiger. Er ist unter den Christen der Tapfersten einer. Und er ist warmherzig. Obgleich ich ihn erst seit kurzem kenne, verbürge ich mich für seine Wahrhaftigkeit. Wäre das nicht wahr, was er von sich berichtet, er würde es nicht äußern. Jüngling, ich schätze deine Offenheit, die deinem Rang wohl ansteht. Du hast mich verwundet. Doch das edle Blut, das in deinen Adern fließt, mag zu Recht in Wallung geraten, da du unlängst erst seinen Ursprung gefunden.«

Und zu Manfred gewandt, fuhr er fort: »Kommt, Herr, wenn ich ihm Pardon gewähre, dann könnt Ihr es ebenso. Es ist nicht seine Schuld, wenn Ihr ihn für ein Gespenst hieltet.«

Der bittere Spott reizte Manfred.

»Wenn Wesen einer anderen Welt mich mit Angst erfüllen, so ist dies mehr, als ein Sterblicher vermag. Und niemals könnte der Arm eines Grünschnabels ...«

»Mein Gebieter«, unterbrach Hippolita ihn, »Euer Gast bedarf der Ruhe. Sollten wir uns nicht zurückziehen?«

Mit diesen Worten faßte sie nach Manfreds Hand und sagte Friedrich lebwohl. Die übrigen folgten ihr. Der Fürst, dem es nicht leid tat, ein Gespräch zu beenden, in dem seine geheimsten Gefühle zur Sprache gekommen waren, ließ sich in seine Räume führen, nachdem er

Theodor gestattete, sich mit seinem Vater ins Kloster zurückzuziehen, mit der Verpflichtung allerdings, am nächsten Tag zur Burg zurückzukehren, eine Bedingung, auf die der junge Mann nur zu gern einging.

Matilda und Isabella waren zu stark mit ihren eigenen Gedanken beschäftigt und zu unzufrieden miteinander, um das Gespräch noch weiterzuführen. So ging jede in ihr Gemach und trennte sich von der anderen förmlicher und viel weniger herzlich, als es seit ihren Kindertagen geschehen war.

Fiel die Trennung auch kühl aus, so konnten sie es kaum erwarten, einander noch vor Sonnenaufgang wiederzusehen.

Sie befanden sich in einer Gemütsverfassung, die keinen Schlaf zuließ, und jeder fielen unzählige Fragen ein, von denen sie wünschte, sie hätte sie der anderen gestellt. Matilda ging es nicht aus dem Sinn, daß Isabella von Theodor zweimal aus sehr gefährlichen Situationen gerettet worden war, ein Umstand, den sie nicht dem Zufall zuschreiben mochte. Gewiß, sein Blick hatte sie an Friedrichs Lager nicht losgelassen, doch hatte er damit seine Leidenschaft für Isabella vor den beiden Vätern verbergen wollen. Matilda hatte das Gefühl, der Sache auf den Grund gehen zu müssen. Sie wollte die Wahrheit wissen, damit sie an ihrer Freundin kein Unrecht beging, indem sie für deren Geliebten Leidenschaft empfand. Die Eifersucht drängte und schob gleichzeitig Freundschaft als Begründung für die Neugierde vor.

Die nicht weniger ruhelose Isabella hatte für ihren Verdacht eine festere Grundlage. Worte und Blicke Theodors hatten ihr verraten, daß sein Herz vergeben war, das stand fest, doch erwiderte Matilda vielleicht seine Leidenschaft gar nicht. Sie hatte sich immer schon unempfindlich gezeigt, wenn es um Liebe ging. Alle ihre Gedanken waren auf den Himmel gerichtet. Warum nur habe ich ihr gut zugeredet? fragte Isabella sich. Jetzt werde ich für meine Großmut bestraft. Aber wo haben sie einander getroffen? Und wann? Es kann nicht sein. Ich habe mich getäuscht. Gestern haben die beiden sich wahrscheinlich zum ersten Mal gesehen. Seine Liebe muß einer anderen gelten. Wenn es so ist, dann bin ich gar nicht so unglücklich, wie ich glaubte. Wenn es nicht meine Freundin Matilda ist — aber ach! Kann ich mich so weit herablassen, mir die Liebe eines Mannes zu wünschen, der mir rüde und unnötig seine Gleichgültigkeit zu erkennen gab? Und das in einem Augenblick, in dem gewöhnlicher Anstand eine höfliche Redeweise gefordert hätte. Ich will zu meiner lieben Matilda, die mich in meinem Stolz bestärken wird ... Männer sind falsch ... ich werde mich mit ihr beraten, ob ich den Schleier nehmen soll. Sie wird sich freuen, wenn ich die Neigung dazu zeige. Und ich will ihr nicht länger vom Kloster abraten. In dieser Verfassung und entschlossen, ihr Herz ganz und gar Matilda zu eröffnen, suchte sie das Gemach der Prinzessin auf, die bereits angekleidet war und auf den Arm gestützt aus dem Fenster sah. Diese melancholische Haltung, die so sehr der Stimmung ähnelte, in der sie selbst sich befand, ließ Isabellas Argwohn wieder aufflammen und machte das Vertrauen zunichte, das sie gewillt war, in ihre Freundin zu setzen.

Beide erröteten und waren zu unerfahren, um ihre Gefühle mit Geschick zu verbergen. Nach einigen nebensächlichen Fragen und Antworten wollte Matilda von Isabella den Grund für deren Flucht wissen.

Isabella, die indessen von ihrer Leidenschaft so erfaßt worden war, daß sie Manfreds Verlangen vergessen hatte, glaubte, Matilda meine ihr Entweichen aus dem Kloster, das zu den Ereignisen des vorangegangenen Abends geführt hatte. »Martelli kam ins Kloster und meldete, Eure Mutter wäre tot ...« sagte sie.

»Ach«, unterbrach Matilda sie, »Bianca hat mir diesen Irrtum erklärt. Als sie sah, daß ich in Ohnmacht fiel, hatte sie ausgerufen: ›Die Herrin ist tot!‹ Und Martelli, der um das gewohnte Almosen eben zu uns gekommen war ...«

»Und warum seid Ihr in Ohnmacht gefallen?« fragte Isabella, die an allem anderen nicht interessiert war.

Matilda errötete und geriet ins Stocken. »Mein Vater ... er hielt Gericht über einen Verbrecher.«

»Welchen Verbrecher?«

»Einen jungen Mann. Ich glaube, es war der junge Mann, der ...«

»Theodor?«

»Ja. Ich kannte ihn nicht, und ich weiß nicht, was er sich gegen meinen Vater zuschulden kommen ließ. Ich bin froh, daß er begnadigt wurde, weil er dir zu Hilfe kam.«

»Mir zu Hilfe? Nennt Ihr das Hilfe, wenn er meinen Vater verletzt, ja beinahe tötet? Zwar kenne ich meinen Vater erst seit gestern, doch ist mir Kindesliebe nicht so fremd, daß ich die Dreistigkeit jenes tollkühnen Jünglings nicht übel vermerken würde. Es ist mir unmöglich, Zuneigung für jemanden zu hegen, der es wagte, den Arm gegen meinen Erzeuger zu heben. Nein, Matilda, mein Herz verabscheut ihn. Und wenn Ihr an der in Kindertagen beschworenen Freundschaft festhalten wollt, dann werdet Ihr einen Mann verachten, der mich um ein Haar für immer unglücklich gemacht hätte.«

Matilda antwortete gesenkten Hauptes: »Ich hoffe, meine liebe Isabella zweifelt nicht an Matildas Freundschaft. Bis zum gestrigen Tag habe ich den Jüngling nicht gesehen. Fast ist er mir ein völlig Fremder. Da aber die Ärzte erklärten, Euer Vater wäre außer Gefahr, solltet Ihr nicht unbarmherzige Härte gegen jemanden üben, der nicht wußte, daß der Markgraf mit Euch verwandt ist.«

»Ihr vertretet seine Sache sehr gefühlvoll, wenn man bedenkt, daß er Euch fremd ist. Irre ich mich, oder erwidert er Euer Wohlwollen?«

»Was heißt das?«

»Nichts.« Isabella bereute, daß sie Matilda Theodors Neigung für sie angedeutet hatte. Dann fragte sie, um auf etwas anderes zu sprechen zu kommen, was Manfred veranlaßt hatte, Theodor für ein Gespenst zu halten.

»Du meine Güte«, sagte Matilda, »ist Euch nicht die große Ähnlichkeit mit dem Porträt Alfonsos in der Galerie aufgefallen? Noch ehe ich ihn in voller Rüstung sah, sprach ich zu Bianca davon. Doch mit dem Helm ist er das genaue Ebenbild Alfonsos.«

»Ich sehe mir Bilder nicht so genau an«, gab Isabella zurück. »Noch viel weniger musterte ich den jungen Mann so gründlich, wie Ihr es getan habt. Matilda, Euer Herz ist in Gefahr. Ich will Euch als Freundin warnen. Er hat mir anvertraut, daß er verliebt ist. In Euch kann er nicht verliebt sein, da ihr euch gestern erst begegnet seid ... oder nicht?«

»Gewiß. Aber warum schließt meine liebe Isabella aus allem, was ich sage, daß ...« Sie hielt inne, um dann fortzufahren: »Er hat dich als erste gesehen, und ich bin weit

110

davon entfernt, mir in meiner Eitelkeit einzubilden, meine armseligen Reize könnten ein dir ergebenes Herz gewinnen, Isabella, du sollst glücklich werden, was immer das Schicksal für Matilda bereithält!«

»Schöne Freundin«, sagte nun Isabella, deren Herz zu aufrichtig war, um einem liebevollen Wort widerstehen zu können, »du bist es, die Theodor bewundert. Ich habe es gesehen. Ich bin überzeugt davon. Kein Gedanke an eigenes Glück soll dem deinen im Weg stehen.«

Diese Offenheit trieb der sanften Matilda Tränen in die Augen. Und die Eifersucht, die für einen Augenblick zwischen diesen liebenswerten Wesen fremde Kühle aufgerichtet hatte, wich der natürlichen Klarheit und Offenheit ihres Wesens. Sie gestanden einander nun, welchen Eindruck Theodor auf sie gemacht hatte, und diesem Geständnis folgte ein Wettstreit der Großherzigkeit, in dem jede darauf bestand, zugunsten der anderen zurückzustehen. Schließlich siegte Isabellas Würde und Tugend. Sie dachte daran, daß Theodor ihr beinahe seine Zuneigung für Matilda erklärt hatte, und die Erinnerung daran, ließ sie die Leidenschaft besiegen und hinter ihrer Freundin zurücktreten.

Während dieses Wettstreits der Tugend war Hippolita eingetreten.

»Gnädiges Fräulein«, sagte sie zu Isabella, »Ihr bringt Matilda so viel Liebe entgegen und nehmt so großen Anteil am Geschick unseres unseligen Hauses, daß ich mit meinem Kind keine Geheimnisse teilen kann, die nicht auch Ihr hören sollt.«

Die Prinzessinnen lauschten aufmerksam und begierig.

»Ihr, gnädiges Fräulein, und du, meine teure Matilda, sollt wissen, die Ereignisse der letzten zwei Tage haben mich überzeugt, daß nach dem Willen des Himmels das Zepter Otrantos aus Manfreds Händen in die des Markgrafen Friedrich übergehen soll. Dies hat mir den Gedanken eingegeben, daß der Untergang unseres Hauses vielleicht durch die Verbindung der beiden Geschlechter abgewendet werden könnte. Mit diesem Ziel vor Augen habe ich Manfred, meinem Gebieter, vorgeschlagen, unser teures Kind, Friedrich, Eurem Vater ...«

»Mich dem edlen Friedrich!« rief Matilda aus. »Allmächtiger! Liebste Mutter, habt Ihr mit meinem Vater davon gesprochen?«

»Ja, das habe ich. Er hat meinen Vorschlag wohlwollend angehört und wird ihn dem Markgrafen überbringen.«

»Welch ein Unglück!« rief Isabella. »Was habt Ihr getan! Was für ein Geschick habt Ihr in Eurer unwandelbaren Güte für Euch, für mich und Matilda bereitet!«

»Ich soll Euch und meinem Kind Unglück bereitet haben?« fragte Hippolita.

»Was hat das zu bedeuten?«

»Eure Herzensreinheit läßt nicht zu, daß Ihr die Verderbtheit in anderen seht. Manfred, Euer Gemahl, dieser gottlose Mensch ...«

»Haltet ein! In meiner Gegenwart dürft Ihr von Manfred nicht respektlos sprechen: er ist mein Gebieter und Gemahl und ...«

»Er wird es nicht mehr lange sein, wenn es ihm gelingt, seine bösen Absichten wahrzumachen.«

»Eure Worte wundern mich«, sagte Hippolita darauf. »Ich weiß, daß Ihr gefühlvoll seid, Isabella. Aber bis zu dieser Stunde wußte ich nicht, daß Eure Gefühle Euch zur Unmäßigkeit verleiten können.

Was hat Manfred getan, daß Ihr ihn wie einen gemeinen Mörder verwerft?«

»Tugendhafte und vertrauensselige Fürstin!« rief Isabella.

»Nicht auf Euer Leben hat er es abgesehen, nein, er will sich von Euch trennen! Er will die Scheidung!«

»Er will sich von mir scheiden?« »Er will sich von meiner Mutter scheiden?« riefen Hippolita und Matilda wie aus einem Munde.

»Ja, und um vollends zum Verbrecher zu werden, denkt er daran... ich bringe es nicht über die Lippen.«

»Womit kannst du deine Worte noch übertreffen?« sagte Matilda, während Hippolita schwieg. Kummer raubte ihr die Worte, und die Erinnerung an Manfreds zweideutige Worte in jüngster Zeit bekräftigte das eben Gehörte.

»Teuerste Fürstin! Mutter!« rief Isabella, sich Hippolita in einer Gefühlsaufwallung zu Füßen werfend. »Vertraut mir, glaubt mir, daß ich lieber tausende Tode sterbe, als Euch zu kränken und mich einem so verhaßten ...«

»Genug!« rief Hippolita. »Wieviel Verbrechen aus einem einzigen erwachsen! Steht auf, liebe Isabella. Ich zweifle nicht an Eurer Tugend. Matilda, dieser Schlag ist zu schwer für dich! Weine nicht, mein Kind. Und kein Murren, hörst du! Er ist immer noch dein Vater.«

»Aber Ihr seid meine Mutter«, sagte Matilda eindringlich. »Ihr seid tugendhaft. Ihr seid schuldlos!«

»Ach, wäre es nicht an mir, zu klagen? Du darfst es nicht«, sagte Hippolita. »Komm jetzt, alles wird wieder gut. Manfred hat im Schmerz um den Verlust deines Bruders nicht gewußt, was er sagte. Vielleicht hat ihn Isabella mißverstanden. Er hat ein gutes Herz, und überdies, mein Kind, weißt du nicht alles. Über uns dräut das

Schicksal. Die Hand der Vorsehung ist ausgestreckt ...
Ach, könnte ich dich vor dem Untergang retten ... Ja«,
fuhr sie sodann in gefestigterem Ton fort, »vielleicht
wiegt mein Opfer das aller anderen auf ... Ich will hinge-
hen und ihm selbst die Scheidung anbieten. Was aus mir
wird, zählt nicht. Ich will mich ins benachbarte Kloster
zurückziehen und den Rest meines Lebens mit Gebeten
und Tränen für mein Kind ... und den Fürsten hinbringen.«

»Ihr seid zu gut für diese Welt«, sagte Isabella, »so wie
der Fürst fluchwürdig ist ... Glaubt aber nicht, daß Eure
Fügsamkeit auch mein Schicksal bestimmen soll. Ich
schwöre, hört mich. Ihr Engel des Himmels ...«

»Haltet ein. Ich beschwöre dich!« rief Hippolita.
»Denkt daran, daß Ihr nicht allein auf der Welt steht. Ihr
habt einen Vater.«

»Mein Vater ist zu gottesfürchtig und zu edel, um eine
gottlose Tat von mir zu verlangen. Und wenn er sie verlangt, kann ein Vater einem eine fluchwürdige Handlung
zur Pflicht machen? Ich war dem Sohn versprochen.
Kann ich nun den Vater zum Mann nehmen? Nein, gnädige Fürstin, keine Macht der Welt wird mich in Manfreds
verhaßtes Bett bringen. Ich verachte und verabscheue
ihn. Göttliches und menschliches Recht stehe mir bei!
Liebe Freundin, teuerste Matilda! Könnte ich eine emp-
findsame Seele kränken, indem ich ihrer angebeteten
Mutter Leid zufüge? Meiner eigenen Mutter, denn nie
habe ich eine andere gekannt.«

»Sie ist unser beider Mutter!« sagte Matilda schluch-
zend. »Isabella, unsere Liebe kann gar nicht groß genug
sein!«

»Meine wunderbaren Kinder«, sagte die gerührte Hippolita, »Eure Liebe überwältigt mich ... doch ich darf ihr nicht nachgeben. Uns steht es nicht zu, Entscheidungen zu treffen. Der Himmel, unsere Väter und Gatten müssen für uns entscheiden. Übe dich in Geduld, bis du erfährst, was Manfred und Friedrich beschlossen haben. Sollte der Markgraf Matildas Hand annehmen, dann wird sie bereitwillig gehorchen, das weiß ich. Vielleicht wird der Himmel eingreifen und alles übrige verhindern. Was will mein Kind?« fragte sie, als Matilda ihr unter Tränen zu Füßen sank. »Nein, antworte mir nicht, Tochter. Ich darf kein Wort vernehmen, das gegen den Willen deines Vaters gerichtet ist.«

»Oh, Ihr dürft nicht an meinem Gehorsam, meinem festen Gehorsam ihm und Euch gegenüber zweifeln. Aber kann ich denn, achtbarste aller Frauen, kann ich diese Liebe und diese Güte erfahren und vor der besten aller Mütter auch nur einen Gedanken verbergen?«

»Was wollt Ihr sagen?« fragte Isabella bebend. »Faßt Euch, Matilda.«

»Nein, Isabella, ich wäre dieser unvergleichlichen Mutter nicht würdig, wenn ich im Innersten meiner Seele einen Gedanken hegte, der nicht ihre Billigung hätte. Ach, ich habe sie gekränkt, ich habe zugelassen, daß eine Leidenschaft in mein Herz eindringt, ohne daß sie es gutheißt. Aber jetzt entsage ich dieser Leidenschaft und gelobe dem Himmel und ihr ...«

»Mein Kind«, unterbrach Hippolita sie, »was für Worte sind das? Du und eine Leidenschaft? Du in dieser Stunde der Verzweiflung ...«

»Jetzt sehe ich meine Schuld«, klagte Matilda. »Ich werde mich verabscheuen, wenn ich meiner Mutter Schmerz bereitete. Sie ist mir das Liebste auf Erden ... ach, ich will ihn nie, nie wiedersehen!«

»Isabella«, sagte nun Hippolita, »Ihr wißt um dieses unglückselige Geheimnis, was immer es sein mag. Sprecht!«

»Wie!« rief Matilda aus, »habe ich die Liebe meiner Mutter so verwirkt, daß sie mich nicht von meiner eigenen Schuld sprechen läßt? O unselige Matilda!«

»Ihr seid zu hart«, sagte nun Isabella zu Hippolita. »Könnt Ihr diesen Schmerz einer tugendhaften Seele mit ansehen, ohne von Mitleid erfaßt zu werden?«

»Bedauert mein Kind nicht«, sagte Hippolita, Matilda in die Arme schließend. »Ach, ich weiß, daß sie die Güte und Tugend selbst ist, die Liebe und Pflichterfüllung. Ich verzeihe ihr, meine schöne, meine einzige Hoffnung!«

Nun vertrauten die Prinzessinnen Hippolita ihrer beider Neigung für Theodor an und Isabellas Absicht, zugunsten Matildas auf ihn zu verzichten. Hippolita schalt sie ihrer Unklugheit wegen und sagte, daß es unwahrscheinlich wäre, daß ihre Väter die einzige Erbin einem so armen, wenn auch edel geborenen Mann zur Frau geben würden. Es war für sie ein gewisser Trost, als sie entdeckte, daß ihre Liebe noch jung war und daß Theodor wenig Grund hatte, sie zu ahnen. Sie verbot ihnen streng jeglichen Austausch von Briefen mit ihm. Matilda versprach es fest, aber Isabella, die sich einredete, daß sie nicht mehr wollte, als seine Vereinigung mit ihrer Freundin zu fördern, konnte sich zu einem Versprechen nicht entschließen und schwieg still.

»Ich will ins Kloster gehen«, erklärte nun Hippolita, »und Messen lesen lassen, damit wir aus diesen Kümmernissen erlöst werden.«

»O Mutter!« klagte Matilda. »Ihr wollt uns verlassen. Ihr wollt im Kloster Zuflucht suchen und meinem Vater Gelegenheit geben, sein schreckliches Ziel zu verfolgen. Auf den Knien bitte ich Euch, davon abzulassen. Wollt Ihr, daß ich Friedrich zufalle? Ich folge Euch ins Kloster.«

»Beruhige dich, mein Kind, ich kehre sogleich wieder. Nie werde ich dich verlassen, es sei denn, es ist der Wille Gottes und es geschieht zu deinem Besten.«

»Täusche mich nicht«, sagte Matilda. »Ich werde Friedrich nicht zum Mann nehmen, ehe du es nicht befiehlst. Weh mir, was soll aus mir werden!«

»Warum diese Klagen? Ich versprach, wiederzukommen«.

»Mutter, bleibt hier und bewahrt mich vor mir selbst. Dein Stirnrunzeln vermag mehr als meines Vaters Strenge. Ich habe mein Herz verschenkt, und Ihr allein könnt bewirken, daß ich es ungeschehen mache.«

»Matilda, du darfst nicht verzagen.«

»Ich kann von Theodor lassen, aber muß ich mich mit einem anderen vermählen?«

»Ich will dich zum Altar geleiten und mich dann von aller Welt zurückziehen. Dein Schicksal hängt von deinem Vater ab«, sagte Hippolita. »Wenn dich meine Liebe nicht lehrte, neben ihm niemanden zu achten, war ich kein gutes Vorbild. Lebewohl, mein Kind! Ich gehe, um für dich zu beten.«

In Wahrheit wollte Hippolita sich bei Jerome Rat holen, ob sie es mit ihrem Gewissen vereinbaren konnte, sich der Scheidung zu widersetzen. Oft hatte sie Manfred gedrängt, die Herrschaft niederzulegen, die wie eine schwere Last auf ihr empfindsames Gewissen drückte. Diese Skrupel bewirkten, daß ihr die Trennung von ihrem Gemahl weit weniger schrecklich erschien, als es in einer anderen Situation der Fall gewesen wäre.

Jerome, der die Burg über Nacht verlassen hatte, hatte Theodor streng befragt, warum dieser ihn vor Manfred beschuldigt hatte, Mitwisser seiner Flucht gewesen zu sein. Theodor gestand, es wäre mit der Absicht geschehen, Manfreds Verdacht von Matilda abzulenken. Und er setzte hinzu, daß die Heiligkeit von Jeromes Leben und Charakter ihn gewiß vor dem Zorn des Tyrannen bewahrt hätten.

Jerome war aus ganzem Herzen betrübt, als er von der Neigung seines Sohnes zur Prinzessin erfuhr. Ehe sie sich zur Ruhe legten, versprach er ihm, am nächsten Morgen Gründe zu nennen, die es geraten sein ließen, die Leidenschaft zu bekämpfen. Theodor aber war wie Isabella mit väterlicher Autorität noch nicht so vertraut, um sich ihr gegen das Drängen des Herzens zu unterwerfen.

Er hatte wenig Neigung, die Gründe des Mönchs zu erfahren und noch weniger Neigung, sich ihnen zu beugen. Der Eindruck, den die liebliche Matilda auf ihn gemacht hatte, war stärker als seine Sohnesliebe. Die ganze Nacht vergnügte er sich mit Gedanken an die Liebe. Erst nach der Frühmesse fiel ihm ein, daß der Mönch ihn aufgefordert hatte, mit ihm an Alfonsos Gruft zu kommen.

»Junger Mann«, sagte Jerome, als er Theodor erblickte, »dein Zuspätkommen will mir nicht gefallen. Haben die Wünsche eines Vaters schon so geringes Gewicht?«

Theodor brachte unbeholfene Entschuldigungen vor und schob sein Zuspätkommen auf seinen langen Schlaf.

»Und mit wem waren deine Träume beschäftigt?« fragte der Mönch streng.

Sein Sohn errötete.

»Unbedachter Jüngling«, mahnte der Alte. »Das darf nicht sein. Lösche diese sündige Leidenschaft in deinem

120

Herzen aus.«

»Sündige Leidenschaft!« rief Theodor. »Kann Sünde in unschuldiger Schönheit und tugendsamer Bescheidenheit wohnen?«

»Es ist sündig«, erwiderte der Mönch, »jene zu lieben, die der Himmel zum Untergang bestimmt hat. Das Geschlecht eines Tyrannen muß bis ins dritte und vierte Glied vom Angesicht der Erde gefegt werden.«

»Sucht der Himmel die Unschuldigen um der Vergehen der Schuldigen heim? Die schöne Matilda verfügt über viele Tugenden.«

»Die dich zugrunde richten. Hast du so rasch vergessen, daß der rasende Manfred dich zweimal verurteilt hat?«

»Ebensowenig habe ich vergessen, daß die Barmherzigkeit seiner Tochter mich aus seiner Gewalt befreite. Ungerechtigkeiten kann ich vergessen, gute Taten niemals.«

»Was du durch Manfreds Sippe erlitten, ist mehr, als du ahnst. —

Antworte nicht, und sieh auf dieses heilige Abbild! Unter diesem marmornen Grabmal ruht die Asche des guten Alfonso. Ein Fürst, mit allen Tugenden ausgestattet. Der Vater seines Volkes, eine Zierde der Menschheit! Knie nieder, Eigensinniger, und höre, wie dein Vater eine Schreckensgeschichte berichtet, die bis auf Rachegelüste alle Gefühle aus deiner Seele vertreibt. — Alfonso, du Fürst, der viel erlitten! Dein Schatten, dem nie Genugtuung zuteil, lastet schwer über uns, während ich mit bebenden Lippen ... Ha! Wer kommt?«

»Die elendste unter den Frauen«, antwortete Hippolita, die das Kloster betrat. »Guter Vater, habt Ihr Zeit für mich? — Was soll der kniende Jüngling? Was bedeuten

Eure erschrockenen Mienen an diesem verehrungswürdigen Grab ...?«

»Habt Ihr es nicht gesehen? Wir beten zum Himmel«, gab der Mönch verwirrt zurück, »um die Leiden des beklagenswerten Landes zu beenden. Betet mit uns, Fürstin! Eure reine Seele mag vielleicht von dem Strafgericht verschont werden, das die Ereignisse der jüngsten Zeit gegen Euer Haus ankündigen.«

»Ich bete flehentlich, um das Strafgericht abzuwenden. Ihr wißt, ich habe mein Leben lang um den Segen Gottes für meinen Gemahl und meine unschuldigen Kinder gefleht. Eines wurde mir genommen! Wenn der Himmel sich meiner armen Matilda erbarmte! Pater, macht Euch zum Fürsprecher für sie!«

»Alle Herzen segnen sie«, rief da Theodor hingerissen.

»Still, du Hitzkopf!« mahnte Jerome. »Und Ihr, Fürstin, sollt nicht mit den himmlischen Mächten rechnen: Der Herr hat's gegeben, der Herr hat's genommen, der Name des Herrn sei gelobt. Unterwerft Euch seinem Willen.«

»Das will ich voller Demut tun«, sagte Hippolita, »aber kann es mir nicht den einzigen Trost lassen? Muß auch Matilda untergehen? Pater, ich bin gekommen ... schickt Euren Sohn fort. Euer Ohr allein darf hören, was ich zu sagen habe.«

»Der Himmel möge alle Eure Wünsche erfüllen, beste aller Fürstinnen«, sagte Theodor, der sich zurückzog. Jerome machte ein finsteres Gesicht.

Nun berichtete Hippolita dem Mönch von dem Vorschlag, den sie Manfred unterbreitet hatte, von seiner Billigung und davon, daß er Friedrich Matildas Hand antragen wollte. Jerome konnte seine Mißbilligung nicht verhehlen, die er mit dem Vorwand tarnte, daß Friedrich, der nächste Nachkomme Alfonsos, der gekommen war, die Herrschaft anzutreten, niemals einer Verbindung mit dem Usurpator seiner Rechte zustimmen würde. Wie aber staunte der Mönch, als Hippolita ihm ihre Bereitschaft gestand, sich der Trennung nicht zu widersetzen, und hören wollte, ob ihr Einverständnis dem Gesetz entspräche. Der Mönch zeigte sich nur zu bereitwillig, seinen Rat zu erteilen. Ohne auf seinen Widerwillen gegen die angestrebte Vermählung Manfreds mit Isabella einzugehen, schilderte er Hippolita die Sündhaftigkeit ihres Einverständnisses in den glühendsten Farben, nannte ihr die Strafen dafür und riet ihr eindringlich, solchen Vorschlägen mit Empörung entgegenzutreten.

Indessen hatte Manfred Friedrich seine Absicht vorgetragen und die Doppelhochzeit vorgeschlagen. Der geschwächte Fürst, dem sich Matildas Liebreiz tief eingeprägt hatte, schenkte dem Angebot nur zu gern Gehör. Er vergaß seine Gegnerschaft zu Manfred, da er auch wenig Hoffnung sah, diesen gewaltsam zu vertreiben. Indem er sich damit beruhigte, daß aus der Verbindung seiner Tochter mit dem Tyrannen vielleicht kein Erbe entsprang, sah er durch seine Heirat mit Matilda sein eigenes Anrecht auf das Fürstentum als gesichert an. Er äußerte zum Schein Einwände und wollte der Form wegen nicht eher zustimmen, bis Hippolita in die Scheidung eingewilligt hätte. Dies wollte nun Manfred auf sich nehmen. Beflügelt von seinem Erfolg und der Aussicht, bald Söhne erwarten zu können, eilte er zu den Gemächern seiner Gemahlin, entschlossen, ihr das Einverständnis abzuringen. Er war höchst unwillig, als er erfahren mußte, daß sie sich ins Kloster begeben hatte. Sein Schuldbewußtsein ließ ihn sofort glauben, sie hätte durch Isabella von sei-

nen Plänen erfahren. Gleichzeitig regten sich Zweifel, ob
sie sich nicht ins Kloster zurückgezogen hatte, um dort
zu bleiben, bis es ihr gelang, Hindernisse gegen die Scheidung aufzurichten. Und der Argwohn, den er bereits gegen Jerome hegte, ließ ihn befürchten, daß der Mönch
seine Absichten nicht nur durchkreuzen würde, sondern
Hippolita sogar den Gedanken eingegeben hätte, im Kloster Zuflucht zu suchen. Voller Ungeduld, dieser Spur
nachzugehen und dagegen anzukämpfen, lief Manfred
zum Kloster und traf dort ein, als der Mönch die Fürstin
ernsthaft ermahnte, niemals in die Scheidung einzuwilligen.

»Gnädigste«, sagte Manfred, »was hat Euch hierherge-
führt? Warum habt Ihr meine Rückkehr vom Markgrafen
nicht abgewartet?«

»Ich bin gekommen, um den Segen auf Eure Pläne her-
abzuflehen«, erwiderte Hippolita.

»Meine Absichten bedürfen nicht der Fürsprache eines
Pfaffen«, sagte Manfred darauf. »Unter allen Sterblichen
ist dieser elende Verräter der einzige, mit dem Ihr Euch
gern besprecht?«

»Gotteslästerlicher Fürst!« rief Jerome. »Wollt Ihr auf
den Stufen des Altars den Diener des Altars beleidigen?
Eure frevelhaften Absichten sind bekannt. Der Himmel
und diese Tugendhafte wissen davon. Spart Euch den fin-
steren Blick. Die Kirche kümmert sich nicht um Eure
Drohungen. Ihr Donnergrollen wird Euren Zorn übertö-
nen. Wenn Ihr es wagt, Eure Ehe zu scheiden, ehe die
Kirche ihr Urteil spricht, dann spreche ich den Kirchen-
bann über Euch aus.«

»Ruchloser Aufwiegler!« erwiderte nun Manfred, dem
es gelang, die Angst zu verbergen, mit der ihn die Worte

des Mönchs erfüllten. »Ihr wagt es, Euren rechtmäßigen Herrscher zu bedrohen?«

»Ihr seid kein rechtmäßiger Fürst«, sagte Jerome, »Ihr seid kein Fürst ... Geht und handelt Euren Anspruch mit Friedrich aus, und wenn das geschehen ist ...«

»Es ist geschehen«, gab Manfred zurück. »Friedrich nimmt Matildas Hand an und begnügt sich, seinen Anspruch aufzugeben, es sei denn, ich hätte keinen männlichen Erben.«

Während er diese Worte sprach, fielen drei Blutstropfen vom Antlitz von Alfonsos Statue. Manfred erbleichte, die Fürstin fiel auf die Knie.

»Seht hin!« rief der Mönch aus. »Ein wundersames Zeichen, daß Alfonsos Blut sich niemals mit dem Manfreds vermischen wird!«

»Mein gnädiger Gebieter«, sagte Hippolita flehentlich, »wir wollen uns dem Himmel unterwerfen. Glaubt nun nicht, Euer stets gehorsames Weib wolle gegen Euren Willen aufbegehren. Ich kenne keinen Willen als den meines Gebieters und der Kirche. Wir wollen uns an dieses ehrwürdige Tribunal wenden. Nicht wir dürfen das Band lösen, das uns eint. Wenn die Kirche die Auflösung unserer Ehe billigt, dann möge es so sein ... Mir bleiben nur wenige Jahre, und die werden von Kummer erfüllt sein. Wo könnte ich sie besser verbringen als am Fuße dieses Altars mit Gebeten für deine und Matildas Sicherheit?«

»Bis dahin sollt Ihr nicht hier bleiben«, sagte Manfred. »Begebt Euch mit mir zum Schloß. Dort will ich die endgültigen Anweisungen für die Scheidung geben. Dieser aufdringliche Pfaffe aber kommt nicht mit. Mein gastfreundliches Dach soll nie wieder einen Verräter beherbergen. Und der Folgen deiner Verehrung wegen«, fuhr er fort, »verbanne ich ihn aus meinem Gebiet. Er ist, wie ich meine, keine geheiligte Person und genießt nicht den Schutz der Kirche. Wer immer Isabella zur Frau nimmt, Falconaras Sohn, dieser Emporkömmling, wird es nicht sein.«

»Es gibt auch Emporgekommene, die man dann an Stelle eines rechtmäßigen Fürsten sieht. Aber die welken dahin wie Gras, und das Volk vergißt ihre Namen.«

Manfred warf dem Mönch einen Blick voller Verachtung zu und geleitete Hippolita hinaus. An der Kirchentür flüsterte er einem seiner Bedienten zu, sich im Kloster zu verbergen und ihm unverzüglich zu melden, falls jemand aus der Burg dort Zuflucht suchen sollte.

5

Je länger Manfred über das Verhalten des Mönchs nachdachte, desto mehr festigte sich bei ihm die Überzeugung, daß Jerome von einer Liebesbeziehung zwischen Isabella und Theodor wußte. Aber Jeromes jüngste Vermessenheit, die sich so deutlich von seiner ehemaligen Demut unterschied, ließ auf nichts Gutes schließen. Der Fürst argwöhnte sogar, daß der Mönch heimlich Unterstützung von Friedrich erhielt, dessen Kommen mit dem Auftauchen Theodors zusammenfiel, was in einem Zusammenhang zu stehen schien. Noch beunruhigender war die Ähnlichkeit Theodors mit Alfonsos Porträt. Daß letzterer ohne Nachkommen gestorben war, stand fest. Und Friedrich hatte sich einverstanden gezeigt, Isabella mit ihm zu vermählen. Diese Widersprüche bewegten sein Gemüt sehr heftig. Er sah nur zwei Wege, sich aus diesen Schwierigkeiten zu befreien. Er konnte seine Herrschaftsgebiete an den Markgrafen abtreten. Stolz, Ehrgeiz und sein Vertrauen auf alte Prophezeiungen, die von einer Möglichkeit sprachen, seinen Besitz an seine Erben weiterzugeben, bekämpften diesen Gedanken. Als zweites bot sich ihm an, seine Vermählung mit Isabella voranzutreiben. Während er mit Hippolita zur Burg ging, wälzte er lange diese von Angst gefärbten Gedanken und besprach schließlich mit der Fürstin die Ursache seiner Unruhe. Er brachte jeden überzeugenden und einleuchtenden Grund vor, um ihr die Einwilligung zur Scheidung, ja sogar das Versprechen, sich für diese einzusetzen, zu entlocken. Hippolita benötigte nur wenig Überredungskunst, um sich seinem Wunsch zu beugen. Sie wagte zunächst sogar, ihn zu überreden, seinen Herrschaftsanspruch abzutreten. Als sie aber merkte, daß ihre Ermahnungen nichts fruchteten, versicherte sie ihm, daß sie einer Trennung keinen Widerstand entgegensetzen würde, soweit ihr Gewissen es erlaubte, obwohl sie ohne fester gegründete Zweifel als die von ihm geäußerten von sich aus nicht danach streben wolle.

Dieses wenn auch nicht vollkommene Einverständnis reichte aus, um Manfreds Hoffnungen wieder aufzurichten. Er vertraute darauf, daß Macht und Reichtum, über die er verfügte, seinen Fall beim römischen Gericht fördern würden. Er beschloß auch, Friedrich zu diesem Zweck zu einer Fahrt nach Rom zu überreden.

Friedrich hatte indessen so viel Leidenschaft für Matilda entwickelt, daß Manfred hoffen durfte, alles Gewünschte zu erreichen, indem er die Reize seiner Tochter feilbot oder zurückhielt, je nachdem ob der Markgraf sich mehr oder weniger geneigt zeigte, in seinem Sinn zu wirken. Sogar Friedrichs Abwesenheit konnte als Vorteil genutzt werden, bis man weitere Maßnahmen für dessen Sicherheit treffen konnte.

Nachdem er Hippolita in ihre Gemächer geschickt hatte, wollte er den Markgrafen aufsuchen. Auf dem Weg durch den großen Saal begegnete er Bianca. Das junge Mädchen besaß, wie er wußte, das Vertrauen beider Edelfräulein.

Sofort kam ihm der Gedanke, daß er sie wegen Isabella und Theodor ausfragen könnte.

Er rief Bianca zu einem Erkerfenster des Saales, beruhigte sie zuerst mit schönen Worten und Versprechungen und wollte dann von ihr wissen, ob sie wüßte, wie es um Isabellas Gefühle stünde.

»Ich, mein Herr? Nein, ich weiß nichts ... Ja, die Ärmste, sie ist auf das höchste besorgt um die Wunden ihres Vaters. Ich sage ihr immer wieder, daß er wieder gesund wird. Meinen Euer Hoheit nicht auch?«

»Ich frage dich nicht, was sie von ihrem Vater denkt. Du besitzt ihr Vertrauen und weißt um ihre Geheimnisse. Komm, sei ein liebes Mädchen und sag mir, ob es einen jungen Mann gibt, du weißt schon.«

»Gott bewahre! Ich soll wissen? Ich nicht. Ich sage ihr, daß die richtigen Heilpflanzen und Ruhe ...«

»Ich spreche nicht von ihrem Vater«, sagte der Fürst voller Ungeduld. »Ich weiß, daß er wieder genesen wird.«

»Gottlob höre ich Euer Hoheit so sprechen. Denn obwohl ich das gnädige Fräulein nicht traurig sehen wollte, kam mir vor, daß Seine Durchlaucht blaß aussähen und ... ich weiß noch, als der junge Ferdinand von den Venezianern verwundet wurde.«

»Du weichst mir aus«, unterbrach Manfred sie. »Hier, nimm diesen Edelstein. Vielleicht wird deine Aufmerksamkeit damit gefesselt. Nein, keine Dankesbezeugungen. Meine Gunst wird sich nicht darauf beschränken ... Komm, sag' mir ehrlich: wie steht es um Isabellas Herz?«

»Nun ja, wenn Eure Hoheit meinen ... aber könnt Ihr ein Geheimnis bewahren? Sollte es Euch je über die Lippen kommen ...«

»Niemals, niemals!« rief Manfred.

»Schwört, Euer Hoheit. Meiner Seel, wenn es je herauskäme, daß ich es sagte ... nun, um der Wahrheit die Ehre zu geben, ich glaube nicht, daß die edle Isabella sich viel aus dem jungen Herrn, Eurem Sohn machte. Dabei war er ein schmucker Junge, wahrhaftig. Wäre ich fürstlichen Geblütes ... O Gott, ich muß zu meiner Herrin Matilda. Sie wird sich fragen, was aus mir geworden ist.«

»Bleib!« rief Manfred. »Du hast meine Frage nicht beantwortet. Hast du je eine Botschaft überbracht, einen Brief ...?«

»Ich? Allmächtiger! Ich einen Brief? Nie im Leben. Hoffentlich glaubt Eure Hoheit, daß ich ehrlich bin, wenn ich auch arm bin. Haben Eure Hoheit gehört, was mir der Graf Marsigli anbot, als er kam und meiner edlen Matilda den Hof machte?«

»Ich habe keine Zeit, mir deine Geschichten anzuhören. Deine Rechtschaffenheit will ich nicht anzweifeln. Aber es ist deine Pflicht, vor mir nichts zu verbergen. Seit wann kennt Isabella Theodor?«

»Nein, es gibt nichts, was Euer Hoheit entgangen ist, nichts, was ich wüßte. Theodor ist gewiß ein ansehnlicher junger Mann, und wie die edle Matilda ganz richtig sagt, das genaue Abbild des guten Alfonso. Haben Euer Hoheit es noch nicht bemerkt?«

»Ja, ja ... nein, du spannst mich auf die Folter. Wo haben sie sich getroffen? Und wann?«

»Wer denn? Etwa Matilda?«

»Nein, nicht Matilda, sondern Isabella. Wann ist Isabella diesem Theodor begegnet?«

»Heilige Maria! Woher soll ich das wissen?«

»Du weißt es, und ich muß es erfahren. Ich werde es erfahren.«

»Allmächtiger! Euer Hoheit ist doch nicht eifersüchtig auf den jungen Theodor?«

»Eifersüchtig? Nein, nein, warum auch? Vielleicht werde ich ihre Verbindung sogar fördern ... wenn ich wüßte, daß Isabella nichts dagegen hätte.«

»Etwas dagegen! Nein, dafür verbürge ich mich. Er ist der schmuckste Jüngling, den die Christenheit je sah. Wir alle sind verliebt in ihn. Wir alle hier wären glücklich, ihn zum Fürsten zu haben ... das heißt, wenn es dem Himmel dereinst gefällt, Euer Hoheit abzuberufen.«

»Was? So weit steht es also? O dieser verfluchte Pfaffe! Ich darf keine Zeit verlieren. Bianca, geh und kümmere dich um Isabella. Und kein Wort über das, was wir besprochen. Finde heraus, was sie für Theodor empfindet. Bringe mir gute Nachricht, und dieser Ring soll nicht der einzige bleiben. Warte am Fuße der Treppe. Ich will jetzt den Markgrafen besuchen und möchte hinterher mit dir sprechen.«

Nachdem er mit Friedrich allgemeine Dinge besprochen hatte, verlangte Manfred, dieser solle die zwei Ritter seiner Begleitung hinausschicken, da er mit ihm dringende Angelegenheiten zu besprechen habe. Kaum waren sie allein, begann er den Markgrafen voller listiger Verstellung über Matilda auszufragen. Er entdeckte, daß er seinen Wünschen geneigt war und ließ nun Andeutungen über die Schwierigkeiten fallen, unter denen die Vermählungen gefeiert werden würden, wenn nicht ... In diesem Augenblick stürzte Bianca herein, mit entsetztem Blick und Gesten, die Schreckliches ahnen ließen.

»Weh mir, weh mir!« rief sie, »wir alle sind dem Untergang geweiht! Es ist wieder da!«

»Was ist wieder da?« fragte Manfred erstaunt.

»O, die Hand! Der Riese! Die Hand! Helft mir! Ich bin außer Sinnen vor Angst«, rief sie weiter. »Ich schlafe heute nicht mehr unter diesem Dach. Wohin soll ich bloß gehen? Hätte ich mich doch zufriedengegeben, Francesco zu heiraten! So geht es einem, wenn man ehrgeizig ist!«

»Was hat dir solche Angst gemacht, junge Frau?« fragte der Markgraf. »Du bist hier sicher. Keine Angst.«

»Oh, Euer Durchlaucht sind zu gütig, aber ich wage nicht … Nein, laßt mich gehen, ich will lieber alles hinter mir lassen, als noch eine Stunde unter diesem Dach verbringen.«

»Geh nur, du hast den Verstand verloren«, sagte Manfred. »Störe uns nicht, wir haben Wichtiges zu besprechen. Edler Herr, diese Elende leidet unter Anfällen … Komm mit, Bianca. Oh, alle Heiligen!«

»Nein«, rief Bianca, »denn Euer Hoheit soll gewiß gewarnt werden. Warum sonst sollte ich Erscheinungen sehen? Ich sage morgens und abends meine Gebete … Ach, hätten Euer Hoheit doch Diego Glauben geschenkt! Es ist die Hand, zu der der Fuß im Raum neben der Galerie gehörte … Pater Jerome hat uns oft gesagt, die Prophezeiung würde demnächst in Erfüllung gehen. Bianca, sagte er immer, denk an meine Worte.«

»Du redest irre«, sagte Manfred wutentbrannt. »Geh jetzt, und spar dir deine Torheiten, um deinen Freundinnen Angst einzujagen«.

»Aber Herr«, rief Bianca, »glaubt Ihr, ich hätte nichts gesehen? Geht doch selbst an den Fuß der großen Treppe … Ich habe es gesehen, so wahr ich lebe.«

»Was geschehen? Schöne Maid, sag uns, was du gesehen hast«, bat Friedrich.

»Wie kann Euer Hoheit dem Fieberwahn einer törichten Person Beachtung schenken, die Geschichten von Erscheinungen immer wieder gehört hat und sie jetzt selbst glaubt?«

»Das sind nicht bloß Phantasien«, sagte der Markgraf. »Ihre Angst ist zu echt und zu stark, als daß es sich nur um Einbildungen handeln könnte. Sag uns schon, schönes Kind, was dich so erschreckt hat.«

»Ja, Herr. Dank sei Eurer Durchlaucht«, sagte Bianca. »Ich muß sehr bleich sein. Wenn ich mich erholt habe, werde ich wieder besser aussehen. Nun, ich ging auf Befehl Seiner Hoheit zum Gemach der edlen Isabella.«

»Die Umstände wollen wir nicht hören«, unterbrach Manfred sie. »Fahr fort, aber berichte kurz.«

»Euer Hoheit verwirren mich so!« gab Bianca zurück. »Ich fürchte, daß mein Haar ... nie im Leben ... Nun, wie ich schon sagte, ich ging zu Isabella. Sie schläft in der lichtblauen Kammer, rechts im ersten Geschoß. Als ich zur großen Treppe kam ... da besah ich mir Euer Hoheit Geschenk.«

»Herr, gib mir Geduld!« rief Manfred. »Kann denn diese Person nicht zur Sache kommen? Was kümmert es den Markgrafen, daß ich dir ein Stück Tand dafür gab, daß du meiner Tochter treu dientest? Wir wollen wissen, was du gesehen hast.«

»Ich wollte es eben sagen, wenn Ihr erlaubt. Also, ich rieb den Ring blank ... ich war kaum drei Stufen hoch, da hörte ich das Klirren einer Rüstung. Genau so ein Klirren, wie Diego es hörte, als ihm der Riese im Raum neben der Galerie begegnete.«

»Was will sie damit sagen?« fragte der Markgraf. »Spuken in Eurem Schloß Gespenster und Kobolde?«

»Wie denn, haben Euer Durchlaucht noch nicht die Geschichte vom Riesen in der Galerie-Kammer gehört?« rief Bianca aus.

»Sonderbar, daß Hoheit es Euch noch nicht erzählt haben ... Vielleicht wißt Ihr gar nicht, daß es eine alte Prophezeiung gibt ...«

»Dieses Geschwätz ist unerträglich«, unterbrach Manfred sie wieder. »Wir wollen die törichte Person fortschicken. Wir haben Wichtigeres zu besprechen.«

»Halten zu Gnaden«, sagte da Friedrich, »das ist kein törichtes Geschwätz. Das Riesenschwert, zu dem ich im Wald geführt wurde, Euer Helm, der dazu gehört ... sind das Ausgeburten der Phantasie dieses armen Mädchens?«

»Das glaubt Jaquez, wenn Durchlaucht gestatten«, sagte Bianca. »Er sagt auch, ehe dieser Mond vergangen ist, werden wir Zeugen sonderbarer Entwicklungen. Ich für meinen Teil würde mich nicht wundern, wenn es schon morgen soweit wäre. Denn wie ich schon sagte, als ich das Klirren der Rüstung hörte, brach mir der kalte Schweiß aus. Ich blickte auf und sah auf dem obersten Geländer der großen Treppe eine Hand in einer Rüstung so groß, so groß ... ich glaubte, ich würde in Ohnmacht fallen ... ich lief und hielt nicht an, bis ich hierherkam ... Oh, wären wir sicher aus dem Schloß gelangt! Meine Gebieterin Matilda sagte mir erst gestern, daß Hoheit Hippolita etwas wüßte ...«

»Unverschämtes Frauenzimmer!« schrie Manfred. »Herr Markgraf, ich fürchte, dies wurde geplant, um mir Beleidigung anzutun. Sind meine eigenen Domestiken verleitet worden, Geschichten zu verbreiten, die meine Ehre verletzen? Vertretet Euren Anspruch mit Mannesmut, oder laßt uns die Fehde begraben, indem wir wie vorgeschlagen uns durch Heirat verschwägern. Doch glaubt mir, es paßt nicht zu einem Fürsten Eures Ranges, mit käuflichen Weibern zu paktieren.«

»Eure Andeutungen kümmern mich nicht«, sagte Friedrich darauf. »Bis zu diesem Augenblick habe ich diese Person noch nie gesehen. Und ich habe ihr kein Geschmeide geschenkt! Euer Gewissen, Eure Schuld klagt Euch an und wendet den Verdacht gegen mich. Behaltet Eure Tochter und schlagt Euch Isabella aus dem Kopf. Die Heimsuchungen, die Euer Haus befallen, verbieten es mir, mich mit ihm zu verbinden.«

Manfred, den der bestimmte Ton Friedrichs in Angst versetzte, versuchte ihn zu besänftigen. Er schickte Bianca hinaus, erging sich in Ergebenheitsbezeugungen dem Markgrafen gegenüber und sang solche Loblieder auf Matilda, daß Friedrich wieder ins Schwanken geriet. Da aber seine Leidenschaft für Matilda noch jung war, reichte sie nicht aus, um seine Skrupel zu besiegen. Aus Biancas Worten hatte er entnommen, daß der Himmel sich gegen Manfred verschworen hatte. Und die geplanten Ehen verschoben seinen Anspruch in weitere Ferne. Das Fürstentum Otranto stellte nun für ihn die größere Versuchung dar als die bloße Anwartschaft darauf mitsamt der damit verbundenen Heirat mit Matilda. Noch immer zögerte er, sich aus seinen Verpflichtungen gänzlich zurückzuziehen. Um Zeit zu gewinnen, fragte er Manfred, ob es wirklich wahr wäre, daß Hippolita mit der Scheidung einverstanden sei. Überglücklich, daß sich ihm kein anderes Hindernis in den Weg stellte und darauf vertrauend, daß er großen Einfluß auf seine Gemahlin hatte, versicherte der Fürst dem Markgrafen, daß es in der Tat so wäre. Er könne sich bei Hippolita selbst von der Wahrheit überzeugen.

Während sie miteinander beratschlagten, wurde gemeldet, daß ein festliches Mahl aufgetragen werde. Manfred geleitete Friedrich in die große Halle, wo sie von

Hippolita und den jungen Prinzessinnen empfangen wurden. Manfred bot dem Markgrafen neben Matilda Platz an, während er selbst zwischen seiner Gemahlin und Isabella Platz nahm.

Hippolita betrug sich mit ernster Anmut, während die jungen Damen still und traurig waren. Manfred, der entschlossen war, im Laufe des Abends mit dem Markgrafen endgültig zu einer Entscheidung zu gelangen, hob die Tafel nicht auf, auch als es schon sehr spät war. Er trug unbekümmerte Munterkeit zur Schau und trank Friedrich immer wieder zu. Letzterer war mehr auf der Hut, als es Manfred recht sein konnte und wehrte die Trinksprüche mit dem Hinweis auf seinen kürzlich erlittenen Blutverlust ab, während der Fürst in vollen Zügen trank, um seine in Verwirrung geratenen Lebensgeister zu heben und Sorglosigkeit vorzutäuschen, wenngleich er nicht so viel trank, daß er seine Sinne betäubt hätte.

Die Tafel wurde aufgehoben, als der Abend schon weit fortgeschritten war. Manfred wollte sich mit Friedrich gemeinsam noch zurückziehen, doch dieser nahm seine Schwäche und Ruhebedürftigkeit zum Vorwand, zu Bett zu gehen, nicht ohne dem Fürsten galant zu raten, seine Tochter solle Seine Hoheit weiter unterhalten, bis er selbst wieder dazu imstande sein würde. Manfred war einverstanden und begleitete zum großen Kummer Isabellas diese zu ihren Gemächern. Matilda kümmerte sich um ihre Mutter, um mit ihr die Abendkühle auf den Wehranlagen der Burg zu genießen.

Kaum waren alle ihrer Wege gegangen, als Friedrich sein Gemach verließ, um zu erfragen, ob Hippolita allein sei. Eine ihrer Jungfern, die nicht bemerkt hatte, daß sie fortgegangen war, sagte, daß sie sich um diese Zeit immer in ihre Kapelle zurückzog, wo er sie wahrscheinlich antreffen würde. Der Markgraf hatte während des Mahles Matilda mit wachsender Leidenschaft angesehen. Er wünschte sich nun, Hippolita in der Stimmung anzutreffen, die ihr Gemahl ihm versprochen hatte. Die Vorzeichen, die ihn so in Unruhe versetzt hatten, waren nun mit seiner Begierde vergessen. Nachdem er sich leise und unbeobachtet zu Hippolitas Räumen gestohlen hatte, trat er mit dem festen Entschluß ein, ihr zur Scheidung zuzureden, da er gemerkt hatte, daß Manfred den Besitz Isabellas zur Bedingung machte, ehe er ihm Matilda zur Frau gab.

Der Markgraf war nicht weiter verwundert, daß im Gemach der Fürstin Stille herrschte. Da er sie in ihrer Kapelle vermutete, ging er weiter. Die Tür war nur angelehnt. Der Abend war düster und wolkenverhangen. Er stieß leise die Tür auf und sah eine Person vor dem Altar knien. Im Näherkommen fiel ihm auf, daß es keine Frau war, sondern eine Gestalt im langen härenen Büßergewand. Sie kehrte ihm den Rücken zu. Die Person schien im Gebet versunken. Der Markgraf wollte sich schon zurückziehen, als die Gestalt sich erhob und einige Augenblicke meditierend stehen blieb, ohne ihn zu bemerken. Der Markgraf, der nun erwartete, die/der Fromme würde vortreten, wollte sein ungebührliches Eindringen entschuldigen und sagte: »Verehrungswürdiger Pater, ich suche Fürstin Hippolita.«

»Hippolita!« gab eine hohle Stimme zurück. »Bist du gekommen, Hippolita zu suchen?« Damit wandte sich die Gestalt langsam um, und Friedrich sah vor sich die fleischlosen Kiefer und leeren Augenhöhlen eines in eine Einsiedlerkutte gehüllten Skeletts.

»Ihr Engel des Himmels, rettet mich!« rief Friedrich zurückschreckend.

»Zeige dich des Schutzes würdig«, sagte die Erscheinung. Friedrich fiel auf die Knie und beschwor die Erscheinung, sich seiner zu erbarmen.

»Erkennst du mich nicht?« sagte die Erscheinung. »Denk an den Wald von Joppa!«

»Seid Ihr der heilige Eremit? Kann ich etwas tun, damit Ihr die ewige Ruhe findet?«

»Hat man dich aus der Gefangenschaft befreit, damit du dich fleischlichen Genüssen hingibst? Hast du das vergrabene Schwert vergessen und die himmlische Botschaft darauf vergessen?«

»Nein, nein, aber sage mir, himmlische Erscheinung, welche Botschaft bringst du mir? Was bleibt noch zu tun?«

»Du sollst Matilda vergessen!« mahnte die Erscheinung und war verschwunden.

Friedrich gefror das Blut in den Adern. Minutenlang verharrte er regungslos. Dann fiel er vor dem Altar nieder und berührte den Boden mit der Stirn. Er flehte jeden einzelnen Heiligen um Fürbitte bei der Vergebung an. Eine Tränenflut folgte diesen Gebeten. Und währenddessen ungeachtet das Bild der schönen Matilda ihn heimsuchte, lag er da, zwischen Reue und Leidenschaft hin und her gerissen.

Noch ehe er sich von diesem Seelenkampf erholt hatte, betrat Fürstin Hippolita, eine Kerze in der Hand, die Kapelle. Als sie jemanden reglos auf dem Boden liegen sah, stieß sie einen Schrei aus, da sie ihn für tot hielt. Ihre Angst brachte Friedrich zu sich. Er erhob sich mit tränennassem Antlitz und wollte sich schleunigst entfernen.

Aber Hippolita hielt ihn auf und beschwor ihn flehentlich, ihr den Grund für seine Verfassung anzuvertrauen
und ihr zu sagen, welchem sonderbaren Umstand sie es
zu verdanken hätte, daß sie ihn in dieser Stellung vorgefunden hatte.

»Ach, tugendsame Fürstin«, klagte der Markgraf, von
Kummer überwältigt ... und hielt inne.

»Um der Liebe Gottes willen, so sprecht! Was bedeutet
diese Miene, warum redet Ihr mich so an? Was für Kümmernisse hält der Himmel für die elende Hippolita bereit?
Ihr schweigt? Bei allen Engeln, ich beschwöre Euch, edler Fürst«, fuhr sie fort, ihm zu Füßen fallend, »enthüllt
mir, was Euer Herz bewegt. Ich sehe, daß Ihr mit mir
fühlt. Ihr fühlt den Schmerz, den Ihr mir bereitet.
Sprecht! Wißt Ihr etwas, das mein Kind betrifft?«

»Ich kann nicht«, stieß Friedrich hervor und riß sich
von ihr los. »Oh Matilda!«

Er ließ die Fürstin allein zurück und eilte zu seinem Gemach. An der Tür vertrat ihm Manfred den Weg, der,
vom Wein und von seiner Leidenschaft gerötet, gekommen war, ihn aufzusuchen und vorzuschlagen, man solle
die Nacht mit Musik und Scherzen hinbringen.

Friedrich fühlte sich abgestoßen von einer Einladung,
die seiner Stimmung so entgegengesetzt war. Er schlug
Manfred die Tür vor der Nase zu und schob den Riegel
vor. Der aufbrausende Fürst, den dieses unerklärliche
Verhalten vollends aufbrachte, zog sich in einem Zustand
zurück, der Schlimmstes befürchten ließ.

Im Burghof kam ihm der Diener entgegen, den er beauftragt hatte, Jerome und Theodor im Kloster zu beob-
achten. Völlig außer Atem vom Laufen meldete ihm der
Mann, daß Theodor im Begriff stünde, sich eben in die-

sem Augenblick mit einer Dame aus der Burg an der Marmorgruft in der Nikolauskirche zu treffen. Theodor hatte er bis dorthin verfolgt, die Dame aber hatte er in der Dunkelheit nicht erkennen können.

Manfred geriet außer sich. Er zweifelte nicht daran, daß es Isabella war, die ihn eben abgewehrt hatte, als er ihr seine Leidenschaft aufzwingen wollte.

Von dieser Vermutung noch mehr aufgebracht und von Zorn auf ihren Vater erfüllt, eilte er heimlich zur großen Kirche. Leise schlich er das Seitenschiff entlang, geleitet vom matten Mondlicht, das durch die bunten Glasfenster einfiel. Er hielt auf die Gruft von Alfonso zu, von der er leises Flüstern hörte. Als erstes konnte er die Worte unterscheiden:

»Hängt es denn von mir ab? Manfred wird unserer Verbindung niemals zustimmen.«

»Nein, und damit werde ich sie verhindern!« rief der Tyrann, zog seinen Dolch und stieß ihn der Sprecherin über die Schulter in die Brust.

»Weh mir, ich sterbe!« rief Matilda, zu Boden sinkend. »Der Himmel nehme meine Seele auf!«

»Rasendes, unmenschliches Ungeheuer! Was hast du getan?« schrie Theodor auf, der auf Manfred zustürzte und ihm den Dolch entwand.

»Halt ein!« rief Matilda. »Halt ein in deinem ruchlosen Tun. Es ist mein Vater!«

Manfred, wie aus einem Trancezustand erwacht, schlug sich an die Brust, rang die Hände und nahm Theodor den Dolch ab, um Hand an sich zu legen. Theodor, der kaum weniger verzweifelt war und seinen Schmerz nur unterdrückte, um Matilda beizustehen, hatte durch seine lauten Rufe einige Mönche angelockt. Während sich ein paar Mönche zusammen mit Theodor bemühten, das Blut der sterbenden Prinzessin zu stillen, hielten die übrigen Manfred davon ab, sich selbst zu richten.

Matilda, die sich geduldig in ihr Schicksal ergab, dankte Theodor mit Blicken voller Liebe. Und immer, wenn sie sich trotz ihrer Schwäche ein paar Worte abringen konnte, bat sie ihre Helfer, sich ihres Vaters anzunehmen.

Unterdessen hatte Jerome von dem Unglück erfahren und war in die Kirche geeilt. Sein Blick erfaßte mahnend Theodor, ehe er sich an Manfred wandte: »Sieh nun, Tyrann, wie sich das Unheil über deinem gottlosen und ruchlosen Haupt erfüllt. Alfonsos Blut flehte zum Himmel um Vergeltung, und der Himmel ließ zu, daß du seinen Altar mit Blut befleckst, damit du dein eigen Blut an der Gruft des Fürsten vergießt!«

»Grausamer!« rief da Matilda, »den Schmerz eines Vaters zu vermehren! Möge der Himmel meinen Vater segnen und ihm vergeben, wie ich es tue! Mein Herr und Vater, vergibst du deinem Kind? Ich bin wahrhaftig nicht gekommen, um mich mit Theodor zu treffen! Ich traf ihn hier betend an, als meine Mutter mich schickte, für dich und für sie zu beten. Teurer Vater, segne dein Kind und sag, daß du mir vergibst!«

»Dir vergeben? Können Mörder vergeben? Ich hielt dich für Isabella. Doch der Himmel lenkte meine blutige Hand auf das Herz meines Kindes. O Matilda, ich bringe es nicht über die Lippen ... kannst du mein blindes Rasen verzeihen?«

»Ich kann es und ich tue es, und der Himmel möge es bekräftigen«, sagte Matilda darauf. »Solange ich noch Atem habe, um es zu erbitten ... O meine Mutter! Wie wird sie es aufnehmen? ... Werdet Ihr sie trösten, Herr? Werdet Ihr sie nicht verstoßen? Sie liebt Euch ... ach, wie wird mir! Bringt mich nach Hause. Darf ich es noch erleben, daß sie mir die Augen schließt?«

Theodor und die Mönche beschworen sie eindringlich, sich ins Kloster schaffen zu lassen, doch sie beharrte darauf, zur Burg getragen zu werden, so daß man sie schließlich auf eine Bahre legte und ihren Wunsch erfüllte. Theodor, der ihren Kopf stützte und sich mit verzweifelter Liebe über sie neigte, versuchte ihr Hoffnung einzuflößen. Jerome wiederum spendete ihr die Tröstungen des Himmels, indem er ihr ein Kruzifix vor Augen hielt, das sie mit Tränen der Unschuld benetzte und sich damit auf das ewige Leben vorbereitete. Manfred folgte der Bahre in tiefsten Schmerz versunken.

Noch ehe sie die Burg erreichten, kam Hippolita, die von dem Unglück erfahren hatte, ihrem sterbenden Kind entgegeneilt. Als sie die traurige Prozession sah, raubte ihr der Schmerz die Besinnung, und sie sank leblos zu Boden. Isabella und Friedrich, die sie begleiteten, wurden vor Kummer fast überwältigt. Allein Matilda schien ihres Zustandes nicht zu achten. Ihre Gedanken galten voller Liebe ihrer Mutter. Sie ließ anhalten, als Hippolita wieder zu sich kam, und bat ihren Vater zu sich.

Manfred näherte sich ihr, der Sprache nicht mächtig. Matilda erfaßte seine und ihrer Mutter Hand, umschloß sie mit ihren Händen und drückte sie an ihr Herz.

Manfred ertrug diesen Akt rührender Kindesliebe nicht. Er warf sich zu Boden und verfluchte den Tag seiner Geburt. Isabella, die fürchtete, daß dieser Ausbruch der Leidenschaft für Matilda zu viel sein würde, nahm es auf sich, Manfred in seine Räume schaffen zu lassen, während Matilda in die nächste Kammer gebettet wurde.

Hippolita, die dem Tod ebenso nahe schien wie ihre Tochter, achtete ihrer Umgebung nicht und sah nur ihr Kind. Als die Fürsorge Isabellas auch sie fortschaffen lassen wollte, während die Ärzte Matildas Wunde untersuchten, rief sie:

»Mich entfernen? Niemals! Ich lebe allein in ihr und werde mit ihr mein Leben aushauchen.«

Matilda hob beim Klang der Stimme ihrer Mutter den Blick, schloß jedoch die Augen wieder wortlos. Ihr schwacher Puls und die feuchte Kälte ihrer Hand machte alle Hoffnungen auf Genesung zunichte. Theodor folgte den Ärzten ins Vorzimmer und hörte voller Schrecken ihr Urteil.

»Kann sie nicht als die Meine leben, dann soll sie im Tod mein sein!« rief er aus. »Vater! Jerome? Wollt Ihr nicht unsere Hände vereinen?« fragte er den Mönch, der nun mit dem Markgrafen zu den Ärzten getreten war.

»Du redest wirr. Ist dies die Zeit für eine Heirat?«

»Es ist die Zeit, da uns keine andere bleibt.«

»Junger Mann, Ihr handelt vorschnell. Glaubt Ihr, wir haben in dieser Schicksalsstunde Sinn für Euren Liebeswahn? Welche Ansprüche macht Ihr auf die Prinzessin geltend?«

»Die eines Fürsten, die des Herren über Otranto. Dieser Verehrungswürdige, mein Vater, hat mir anvertraut, wer ich bin.«

»Du sprichst irre«, sagte der Markgraf. »Es gibt außer mir keine Fürsten von Otranto, nun, da Manfred durch einen frevelhaften Mord alle Ansprüche verspielte«.

»Mein Herr«, sagte Jerome in gebieterischer Haltung«, »er spricht die Wahrheit. Es war nicht meine Absicht, das

Geheimnis so bald preiszugeben, doch das Schicksal drängt zur Vollendung. Was seine hitzige Leidenschaft enthüllt, bekräftigt meine Zunge. So wisset, Fürst, als Alfonso ins Heilige Land aufbrach ...«

»Ist jetzt Zeit für Erklärungen?« rief Theodor. »Vater, komm und vereinige mich mit der Prinzessin, sie soll die Meine werden ... in allen anderen Dingen will ich Euch pflichtschuldigst gehorchen. Mein Leben! Meine angebetete Matilda!« fuhr Theodor fort, an Matildas Bahre eilend, »willst du nicht mein sein? Willst du nicht segnen ...«

Isabella bedeutete ihm, still zu sein, da sie fürchtete, das Ende wäre nahe.

»Wie, ist sie tot?« rief Theodor aus. »Ist es denn möglich?«

Die Heftigkeit seiner Worte brachten Matilda wieder zu sich. Sie hob den Blick und sah sich suchend nach ihrer Mutter um.

»Meiner Seele Leben! Hier bin ich!« rief Hippolita. »Ich verlasse dich nicht!«

»O, wie seid Ihr gut«, sagte Matilda. »Aber weine nicht um mich, Mutter! Ich gehe dorthin, wo es keine Trübsal gibt. Isabella, du hast mich lieb gehabt. Wirst du an meiner Statt diese teuerste aller Frauen mit Liebe umgeben? Ach, mir schwinden die Sinne!«

»Mein Kind, mein liebes Kind«, stieß Hippolita unter Tränen hervor, »könnte ich dich einen Augenblick zurückhalten.«

»Es kann nicht sein«, sagte Matilda. »Empfehlt mich dem Himmel. Wo ist mein Vater? Verzeih ihm, liebste Mutter ... verzeiht ihm meinen Tod. Es war ein Irrtum. Ach, ich hatte vergessen ... Liebe Mutter, ich gelobte,

Theodor nie wiederzusehen ... Vielleicht habe ich damit das Unheil heraufbeschworen ... es war nicht meine Absicht, kannst du mir verzeihen?«

»Oh, schone meine geplagte Seele!« sagte darauf Hippolita. »Du könntest mich nie kränken. Weh mir, sie verliert die Besinnung! Zu Hilfe! Zu Hilfe!«

»Ich wollte noch etwas sagen«, äußerte Matilda mühsam, »aber es soll nicht sein ... Isabella ... Theodor ... mir zuliebe ... ach!«

Damit verschied sie. Isabella und ihre Frauen zogen Hippolita von der Toten fort. Theodor aber drohte allen mit Vernichtung, die versuchten, ihn fortzuschaffen. Er bedeckte ihre eiskalte Hand mit tausend Küssen und stieß Worte hervor, die verzweifelte Liebe ihm eingab.

Indessen geleitete Isabella die schmerzgebeugte Hippolita in ihre Räume. Auf dem Hof begegnete ihnen Manfred, der in Gedanken war und eilig zu der Kammer lief, in der seine Tochter lag, damit er einen letzten Blick auf sie tun konnte. Der Mond stand hoch am Himmel, so daß er in den Mienen der Unglücklichen die traurige Nachricht lesen konnte.

»Was? Ist sie tot?« rief er bestürzt.

In diesem Augenblick erschütterte ein Donnerschlag die Burg bis in die Grundfesten. Die Erde bebte, und aus dem Hintergrund war das Klirren einer Rüstung zu vernehmen, die keinem Irdischen gehörte. Friedrich und Jerome glaubten, der jüngste Tag wäre nahe. Letzterer, der Theodor zwang mitzukommen, stürzte hinaus in den Hof. Kaum trat Theodor ins Freie, als die Burgmauern hinter Manfred von einer gewaltigen Kraft erschüttert zusammenfielen und die Gestalt Alfonsos zu riesiger Größe gesteigert inmitten der Ruinen erschien.

»Seht in Theodor den rechtmäßigen Erben von Alfonsos!« sagte die Erscheinung. Mit diesen Worten fuhr sie begleitet von Donnergrollen zum Himmel auf, wo sich die Wolken teilten und sich die Gestalt des heiligen Nikolaus zeigte. Er empfing Alfonsos Schatten, und beide wurden den Augen der Sterblichen durch strahlenden Glanz entzogen.

Alle fielen nieder und fügten sich dem göttlichen Willen. Als erstes sprach Hippolita: »Mein Herr«, sagte sie zu dem verzagten Manfred, »seht, wie eitel irdische Größe ist! Conrad ist dahin, und auch Matilda ist nicht mehr! In Theodor sehen wir den wahren Fürsten von Otranto. Welches Wunder ihn dazu macht, weiß ich nicht. Wir müssen uns damit zufriedengeben, daß unser Urteil gesprochen ist. Was bleibt uns übrig, als die wenigen beklagenswerten Stunden, die uns bleiben, damit zu verbringen, den Zorn des Himmels zu besänftigen? Der Himmel verwirft uns. Wohin sollen wir uns flüchten, als in die heiligen Zellen, die uns noch Zuflucht bieten?«

»Du Schuldlose und Unglückliche! Unglücklich durch meine Verbrechen«, gab Manfred zurück. »Endlich öffnet sich mein Herz frommen Ermahnungen. Oh vermöchte ich ... doch es kann nicht sein ... Ihr seid verwundert ... laßt zu, daß ich mich rechtfertige. Schande auf mein Haupt zu häufen, ist die einzige Rechtfertigung, die ich dem beleidigten Himmel bieten kann.

Meine Geschichte hat diese Heimsuchungen auf mich gelenkt. Meine Beichte möge sühnen ... Aber ach, wie kann Thronraub und ein gemordetes Kind gesühnt werden? Ein Kind, an geweihtem Ort dahingemordet! Hört, Ihr Herren. Diese blutige Geschichte möge allen künftigen Tyrannen zur Warnung dienen!

Ihr alle wißt, daß Alfonso im Heiligen Land sein Leben ließ ... Ihr wollt mich unterbrechen und wollt sagen, daß sein Ende kein gerechtes war. Es ist die Wahrheit. Warum müßte sonst Manfred den bitteren Kelch bis zur Neige leeren? Richard, mein Großvater, war sein Kämmerer. Zu gern würde ich einen Schleier über die Verbrechen meines Ahnen breiten... doch vergebens. Alfonso starb durch Gift. Ein gefälschtes Testament machte Richard zu seinem Erben. Doch seine Verbrechen sollten ihn verfolgen ... und doch verlor er keinen Conrad und keine Matilda! Ich muß den Preis des Thronraubs für alle bezahlen! Er geriet in einen Sturm. Von seiner Schuld gepeinigt, gelobte er dem heiligen Nikolaus, eine Kirche und zwei Klöster zu gründen, wenn er überlebte und Otranto wiedersähe. Sein Opfer fand Gehör. Der Heilige erschien ihm im Traum und versprach, daß Richards Nachkommen in Otranto herrschen sollten, bis der rechtmäßige Herr zu groß geworden sei, die Burg zu bewohnen und solange es einen männlichen Erben aus Richards Lenden geben sollte, der sich des Erbes erfreuen könne. Weh mir, von diesem elenden Geschlecht bleibt kein Erbe, weder männlich noch weiblich, nur ich allein! Ich habe alles vollendet ... die Schrecken der letzten drei Tage sagen alles. Wie dieser junge Mann Alfonsos Erbe sein kann, weiß ich nicht, doch zweifle ich nicht daran. Meine Herrschaft sei sein, ich überlasse sie ihm. Doch wußte ich nicht, daß Alfonso einen Erben hatte. Ich stelle den Willen des Himmels nicht in Frage ... Armut und Gebet müssen den schmerzlichen Zeitraum ausfüllen, bis Manfred zu Richard gerufen wird.«

»Alles übrige muß ich erklären«, sagte Jerome. »Als Alfonso nach dem Heiligen Land in See stach, wurde er von einem Sturm an die Küste Siziliens geworfen. Das zweite Schiff, das Richard und sein Gefolge trug, wie Euer Hoheit gewiß gehört haben, wurde abgetrieben.«

»Es ist die Wahrheit«, sagte Manfred, »und der Titel, mit dem Ihr mich ansprecht, ist mehr, als ein Ausgestoßener beanspruchen darf. Nun denn, fahrt fort.«

Jerome errötete und sprach weiter. »Drei Monate lang wurde Alfonso vom Unwetter in Sizilien festgehalten. Er entbrannte in Liebe zu einer holden Jungfrau namens Victoria. Da er zu gottesfürchtig war, um sie zu verbotenen Freuden zu verführen, wurden sie vermählt. Da er aber glaubte, seine Liebe ließe sich mit dem heiligen Waffenschwur, dem er sich unterworfen, nicht vereinen, faßte er den Entschluß, ihre Ehe bis zu seiner Rückkehr von der Kreuzfahrt geheimzuhalten. Dann erst wollte er sie als seine rechtmäßige Gemahlin aufsuchen und anerkennen. Als er sie verließ, war sie guter Hoffnung. Während seiner Abwesenheit wurde sie von einer Tochter entbunden. Kaum aber erlebte sie die Mutterwehen, als sie Gerüchte vom Tod ihres Gemahls hörte und von Richards Nachfolge. Was hätte sie als verlassenes, hilfloses Weib nun tun sollen? Hätte sie Glauben gefunden? Und doch habe ich ein authentisches Schriftstück, mein Herr.«

»Dessen bedarf es nicht mehr«, sagte Manfred. »Die Schrecken dieser Tage, die Erscheinung, die wir eben gesehen, dies alles bestätigt dein Zeugnis mehr als tausend Pergamente. Matildas Tod und meine Vertreibung ...«

»Faßt Euch«, sagte Hippolita, »dieser heilige Mann wollte Euren Kummer nicht wieder aufrühren.«

Jerome fuhr fort:

»Ich halte mich nicht mit unnützen Worten auf. Die Tochter, der Victoria das Leben schenkte, wurde mir als

Jungfrau zur Ehe gegeben. Victoria starb. Das Geheimnis blieb in meiner Brust verschlossen. Theodors Bericht hat über alles übrige erzählt.«

Der Mönch schwieg still. Die tieftraurige Gesellschaft zog sich in den unversehrt gebliebenen Teil der Burg zurück. Am nächsten Morgen unterzeichnete Manfred mit Hippolitas Billigung die Abdankung. Beide legten Ordenskleidung an und zogen sich in die benachbarten Klöster zurück.

Friedrich bot die Hand seiner Tochter dem neuen Fürsten an, und Hippolita machte sich bewegt von ihrer Liebe zu Isabella zur Fürsprecherin. Aber Theodors Schmerz war noch zu neu, als daß er an eine neue Liebe hätte denken können. Erst nach vielen Begegnungen mit Isabella, bei denen er von seiner teuren Matilda sprach, wuchs in ihm die Überzeugung, daß er nur mit einer glücklich werden würde, in deren Beisein er sich stets dem tiefen Kummer hingeben konnte, der von seiner Seele Besitz ergriffen hatte.

ENDE

Phantastische Literatur

Eine Sammlung phantastischer Romane und Erzählungen der Weltliteratur und vergessener Meisterwerke der Phantastik – unheimliche Begebenheiten, geheimnisvolle Abenteuer und seltsame Reisen.

Band 72 033

D. H. Lawrence

Das letzte Lachen

D. H. LAWRENCE (1885 – 1930) griff in seinen Romanen und Erzählungen die engen Moralbegriffe der bürgerlichen Gesellschaft an und brach sexuelle Tabus, was ihm das zeitweilige Verbot einiger Romane einbrachte. Heute gehört Lawrence längst zu den wichtigsten Klassikern der englischen Literatur in diesem Jahrhundert.

Unter seinen Erzählungen finden sich auch einige, in denen der Aufstand gegen gesellschaftliche Konventionen phantastische Züge annimmt oder in denen die geheimnisvollen inneren Triebkräfte des Menschen in das Phantastische übersteigert werden. Diese bisher für die phantastische Literatur wenig beachteten Texte sind hier zum ersten Mal in einem Band gesammelt.

Sie erhalten diesen Band im Buchhandel, bei Ihrem Zeitschriftenhändler sowie im Bahnhofsbuchhandel.

Phantastische Literatur

Eine Sammlung phantastischer Romane und Erzählungen der Weltliteratur und vergessener Meisterwerke der Phantastik – unheimliche Begebenheiten, geheimnisvolle Abenteuer und seltsame Reisen.

Band 72 036
Oliver Onions
Die lockende Schöne

Geistergeschichten in der klassischen englischen Tradition, bei denen Liebe und Haß noch aus dem Grab die Geschicke der Lebenden bestimmen.

OLIVER ONIONS (1873 – 1961) gehört zu den bisher leider vernachlässigten englischen Autoren der Phantastik, dessen Geschichten das Andere, Unheimliche in der Alltagswelt suchen und den Leser unmerklich entführen, wie die gespenstische *Lockende Schöne* den Helden der Titelgeschichte.

BASTEI LÜBBE

FANTASY

**Eine außergewöhnliche
Reihe für die Freunde
heroischer Epen.
Fantasy-Romane ent-
führen Sie in mythische
Welten. Niveauvolle,
pralle Erzählungen aus
dem Reich phantastischer
Sagengestalten.**

Band 20 054
Roger Zelazny

Sieben Statuen
Deutsche
Erstveröffentlichung

Pol Detson hat die Herrschaft über das magische Reich seines Vaters angetreten, aber der junge Lord ist von mächtigen
Feinden umgeben. In einer Welt voller Dömonen und Zauberer muß er erst lernen, seine eigenen magischen Talente zu
kontrollieren. Um hinter das Geheimnis seines Erbes und seiner Herkunft zu kommen, beginnt er ein gefährliches magi-
sches Experiment mit den sieben Statuen – Figuren von
Fabelwesen, die zu bedrohlichem neuen Leben erwachen.
Mit diesem Band werden die in *Wechselbalg* (Bastei-Lübbe
20 048) begonnenen Abenteuer des Zauberers Pol Detson
fortgesetzt.

**Sie erhalten diesen Band
im Buchhandel, bei Ihrem
Zeitschriftenhändler sowie
im Bahnhofsbuchhandel.**